秘孔の真実

北斗神拳の謎に迫る

「空手」と「経絡理論」で考察！

空手家・整体師
中山隆嗣

BAB JAPAN

はじめに

1983年、「週刊少年ジャンプ」（集英社）で後の劇画史に残る、そして令和になった今でも語り継がれる伝説の作品、「北斗の拳」（武論尊・原作、原哲夫・作画）の連載がスタートした。同作品は1988年まで連載されたが、今読んでも全く色褪せることはなく、その人気はハリウッドで映画化されたり、いろいろなジャンルでも評判になった。

この作品のテーマを考える時、根底には「愛」の存在がある。そして武術家としては、「1穴で相手を倒す」ところに魅せられた。

同時に、同じ箇所で人の身体的な問題を解決するという、武術の理想形として考えられる「活殺自在」の世界の物語としても捉えている。

筆者は1971年に千唐流《ちとうりゅう》空手道、初代宗家・千歳強直《ちとせつよし》先生（1898〜1984）の道場に入門した。その理由は強くなりたかったからだが、当時は非力だったゆえに腕力で相手を制することは難しく感じていた。

そのため、入門当初から人体の急所を突く技に興味を持ち、武術の理想形としてその習得を目指していた。

その思いは現在も継続しているが、1998年1月には、拙著「活殺自在になる」及びDVD「武術整体 活殺自在」（BABジャパン）を上梓し、研究内容を発表した。そこでは現実的な武技が前提になっている分、劇画の展開そのままというわけにはいかない。とはいえ、急所（同作品では「秘孔《ひこう》」と称する）を活用した技は「北斗の拳」を彷彿とさせることが多々ある。生涯をかけた空手道修行を通して「活殺自在」を追求する武術家として、また一人の「北斗の拳」ファンとして、本書を世に出せたことは望外の喜びである。

なお本書は、「北斗の拳」に関する公式本ではない。劇画「北斗の拳」そのものについて書いたのではなく、「活殺自在」の技・世界について言及したものである。

読者の方には、本書での考察を踏まえ、改めてこの名作を読み直していただければと願っている。

2022年12月　中山隆嗣

CONTENTS

序章

一撃必殺の武術は本当にあるのか？

武術家のロマンを表現した劇画

「北斗の拳」は、今から約40年前の作品だが、現在でも高い人気を誇っている。改めて読んでも新鮮であり、遠い昔の郷愁といった印象は微塵も感じない。

世に出ているバトルものの作品は多く、それぞれの世界観がある。劇画の場合、ストーリー展開もそうだが、画力の要素も大きいだろう。「北斗の拳」の場合、原作（武論尊氏）と作画（原哲夫氏）が別々の方になっていて、その両者の類稀なる才能がさらに化学反応を起こし、でき上がった奇跡的な作品といえる。

実際の武術家が求めるものは圧倒的な戦闘力であるが、この劇画はまさに、その理想像を提示する内容になっている。

主人公のケンシロウが用いる拳法「北斗神拳」は暗殺拳であり、一撃必殺を可能とするレベルが要求される。そこを目指すのは現実の武術でも同様であり、いろいろな鍛錬を重ねる。

この劇画の場合、主人公のケンシロウが「強敵」（作中では「とも」と読む）に遭遇し、さらなる高みに上る様子が描写されており、上には上がいるということを想起させる。

ケンシロウは修行途中の戦いであっても、武術が理想とする圧倒的な強さを示している。そういうシーンに自身の未来を重ね、そうなりたいと思わせてくれる。神がかり的な強さは、武術を志す人にとっての共通目標となるだろう。

武道・武術を始める動機として、最初は皆、純粋に強くなりたいという思いからだろう。しかし修行を続けて時を経ると、武術のあるべき姿が見えてくる。その過程も絡めながら、「北斗の拳」の武技について述べていきたい。

戦いが持つアンチテーゼ

他のバトルものと比較し、「北斗の拳」が現在でも人気があるのは、戦いのシーンだけではない別の側面をストーリーの中に見ているからかもしれない。

一般に「戦い」という場合、自他という関係の中で行なわれるが、自身が対象となることもある。それは「自分に克つ」ことであり、弱い自分の心との戦いになる。

劇画では、初めは心の面での弱さがあるケンシロウが、戦いの過程で克服していく様子が描かれている。そこには己との戦いが描かれている。このことは、武術修行の過程でおそらくすべての人が経験していることであろうし、その克服によってレベルの向上に至ったと感じる人も多いと考える。

それは以前の自分との比較になるので、ある程度の修行時間を経て、自身を客観的に眺められる段階になってから認識できるのだろう。

物語では、表面的には他者との戦いがメインのように見える。しかしその根底には自分を高めるという部分が暗喩的に込められているようだ。そういうところがこの作品の魅力になり、武術修行者にとっても一つの道筋となっているのかもしれない。

そして、戦うということのアンチテーゼとして、本来は急所となる秘孔が体調を好転させるためにも用いられている。この表裏一体の関係性は「活殺自在」の思想にもつながり、筆者が知り得る限りでは随所にその要素が見られる作品は他にない。

物事を理解する時は、一面からだけでなく、対立する視点から眺めることで、より鮮明に、その本質が見えてくるものである。それが武術の奥深さへの興味を誘う一助になればと思っている。

「北斗神拳」の本質は活殺自在

武術とは、第一義的には人体に何らかの刺激を加え、それによって戦闘不能にしたり、場合によっては命をも奪う、といった大変過激な一面を持つ。

しかし多くの古流武術では、その段階で当該流儀の修行が終わるわけではない。一定の段階に達した門下生に対しては、そこから別の視点による技術が伝えられた。それが「活法」である。それに対し、戦いの技法群は「殺法」と呼ばれる。古流武術の場合、その両方を修得して初めて免許皆伝とする流儀もあった。

つまり、本来の武術では、人体に対して「活」と「殺」の両面を意識するというわけである。

筆者は千唐流空手道総本部に入門後、道場生が怪我をした際に、初代宗家・千歳強直先生が処置しているシーンを何度も見た。そういう経験が「活殺自在」の世界に筆者を誘い、武術修行のテーマになった。ここでいう「活法」は範囲が広く、怪我をした際の対処法だけでなく、今でいう健康法まで包含する。

そして結果的に、筆者の生業である整体術につながっている。日常的に人体に触れ、「活」の視点から人体の構造を知り、皮膚感覚で感じることの繰り返しが、武技にフィードバックされるという好循環になっている。

「活」の技法では、経絡《けいらく》や骨格の状態を整えて、体調改善に持っていく。その過程で、刺激の方向や加減を間違えれば、好転どころか破壊につながることを理解する。

筆者が主宰する空手道場の道場生、あるいは整体術講座の受講生には、接触時の「同化の意識」を体験してもらい、効果的な圧の浸透は筋力ではないことを実感してもらっている。いかに柔らかい感覚で行なうかが、ポイントとなる。

「北斗の拳」で、このようなことはケンシロウよりもトキの登場場面でよく見られる。もちろん、ケンシロウも秘孔を「活」のために用いる時には、同様の意識でやっている様子が伺える。そういう使い分けを理解した上で劇画を読む時、「活殺自在」の世界を感じることになる。

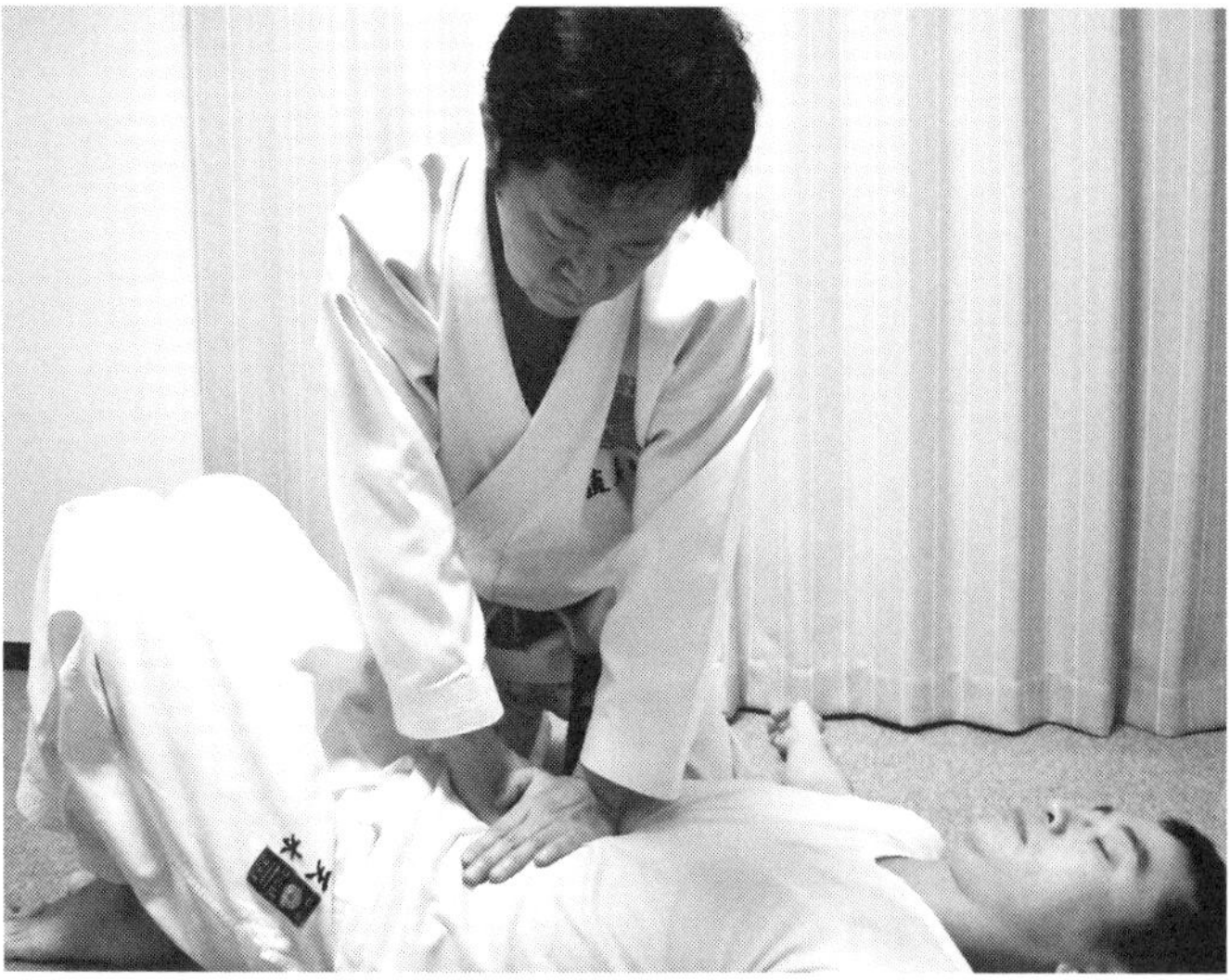

殺法（上写真：空手）と活法（下写真：整体術）は表裏一体であり、それが「活殺自在」の世界である。

陰陽論の視点から読む

「北斗の拳」にも登場する経絡は、東洋医学の身体論に基づく。その基本的な考え方として陰陽論がある。世の中のすべてのものごとは「陰」と「陽」という対極的なものとして存在し、互いに影響し合ってこの世界は動いていると考える思想だ。例を挙げれば、昼と夜、男性と女性といったことである。

「北斗の拳」の物語では、いろいろな箇所でその要素が見え、効果的に交わって展開している。「北斗神拳」の特性としてシンが「南斗聖拳」との比較を話す時、陰陽論という言葉そのものは出てこないが、その概念を明確にしている。

「活」と「殺」という概念も陰陽論の視点で見ることができ、「北斗神拳」にもその技法が存在することになる。劇画の全編を通して見ると、このような体系を持っているのは「北斗神拳」のみであり、「南斗聖拳」「元斗皇拳」「北斗琉拳」にはこのような体系は見られない。物語で出ていないだけなのか、初めからそのような体系は存在しない設定なのかは不明だが、その視点から見れば、「北斗神拳」は特異な体系といえそうだ。その分、奥が深く、話の展開を複雑にし、また面白くしているものと理解している。

筆者の「活殺自在」への関心は、この作品と重なるところがある。現実世界での「北斗神拳」といっても、あながち間違いではないと考える。それはもちろん、筆者が「北斗神拳」的技法を再現できるということではない。修行途上の身であり、まだまだ研究・精進していかなければならない。

陰陽論から見ることで、なぜ「愛」のために戦うことができるか、「活」と「殺」の関係についてなどがわかるはずだ。こういう構造は、ヘーゲル弁証法でいう「正↓反↓合」にも合致し、そこに「活」と「殺」を当てはめると、「殺」という定立から反定立である「活」が生じ、それが合わさって「活殺自在」の世界となり、「北斗神拳」の世界になるのではと思っている。

同じルーツから派生した異なる武術流派でも、どんなことも、用いる人によって違っ

陰と陽のアナログ的な変化を示した太極図。それぞれの性質の中にも反対の性質が入っており、それが変化の源になる。

た性格を持つことになる。「北斗の拳」でも北斗3兄弟の個性が描かれており、元々は同じ流派でも異なった活用がなされている。

こういうことも、陰陽論でいう「陰中の陽」「陽中の陰」の割合の違いでその状態が異なる、ことと思われる。

一撃必殺は急所への攻撃で実現

「一撃必殺」という言葉は、空手道の世界の「殺」の部分で理想とする境地だ。「北斗の拳」でも、秘孔への一撃で相手を倒すシーンは多い。

劇画に登場する秘孔は、「殺」の場合は「急所」となり、「活」の場合は「経穴《けいけつ》」として作用する。本来、この二つの言葉を使い分ける必要があるが、本書では「北斗神拳」が前提なので、秘孔という言葉にその二つの意味を含めて書き進めていく。文脈から、どちらの意味で用いられているかはご理解いただけると思う。

空手道の一撃必殺にしても、正確に秘孔を攻撃することが必要条件になる。そのためには使用する四肢の部位鍛錬が前提となる。

劇画の回想シーンには、ケンシロウたちの幼少の頃の様子が見ることができるが、実戦訓練のシーンのみで、部位鍛錬や形の稽古の様子は見られない。しかし、そのような過程は現実の武術には必要である。もし「北斗神拳」のような境地を目指すならば、この点を決して怠らないようにしなければならない。

一撃必殺という概念は、矛と盾でいえば「矛」である。鋭く強い「矛」を作り上げることで、どのような相手も貫く、というものだ。

しかし、陰陽論的な視点からはその逆もあり、いかなる攻撃にも耐えうる「盾」としての強化も必要だ。空手道の中にも、鋼鉄の肉体を作り上げるべく、厳しい鍛錬をする流派がある。演武では鍛え上げた肉体に木の角材を叩きつけて折り、肉体にダメージがないことを示す。それは沖縄空手の上地《うえち》流などでよく見られる。

一撃必殺のイメージは、「北斗の拳」の登場人物でいえばラオウになるだろう。その技はいわゆる剛拳であり、必ずしも秘孔を捉えなくても相手を粉砕するパワーが感じられる。

また劇画には、同じくらいの力量の者同士であれば最後はただの殴り合いになる、といっ

フルコンタクト空手の試合では、技量が同等なら体力勝負になりやすい。

鍛え上げた肉体に角材を叩きつけて折る、沖縄空手の演武。身体を鎧化し、技が当たっても無力化する。

たシーンもあり、そこには戦いの原形が見られる。現実的に、徹底的に肉体をつぶし合うことは往々にしてある。それはフルコンタクトルールの試合の中でも見られ、技量が同等であれば体力勝負になるケースは多い。

しかし「活殺自在」の境地を目指すならば、やはり秘孔への攻撃で効果を得る世界を意識したいところだ。だからこそ、技量を磨き、あくまでも武術らしく秘孔を正確に、そして効果的に攻撃できる技を理想にしたいと思う。

第1章

「気」を用いた殺法と活法

武術という高位の身体文化

「北斗の拳」の世界観は、当然のことながら武術家に限らず武術未経験の人にとっても魅力的であり、だからこそ今も高い人気を誇っているのだろう。

また、主人公のケンシロウだけでなく、主たる登場人物も皆、魅力的だ。最初は悪役キャラであっても、その奥にはこの劇画の根底にある「愛」が見られる。

もちろん、単に暴力だけのキャラも存在するが、その場合、顔からして醜悪だ。当然、その行為も許しがたいことをやっているが、そういうことに対するケンシロウの怒り、そしてきちんとけじめをつけさせる様子は、読んでいて気持ちが良い。

劇画「北斗の拳」の発表は筆者が27歳の時であり、武術としての空手道が少しわかりかけていた頃だった。その15年後に拙著「活殺自在になる」を上梓し、さらに24年の歳月が経ち、本書で「北斗の拳」をベースに再び「活殺自在」の世界を語れることになった。

この間に、武術を取り巻く状況は大きく変化している。多くの人たちの意識は競技へと進み、どうしたらルールの中で勝利できるかという意識に転じている。

しかし、武の術理は、日本が誇る高位の身体文化であり、その深奥は精神性、心身の統合にまで広がる。その部分を新たに発信していかなければならないと改めて考えている。

幸い「北斗の拳」には劇画としての魅力が満載であり、「活殺自在」の世界を理解するには絶好の作品と考える。そこに登場する技法や秘孔を通じて、虚構と現実を行き来しながら、その世界観を感じていただきたい。

武術が持つ「活」の用法

武術は大別すると、素手によるものと武器を使用するものがあり、両者には根本的な違いがある。武器には相手にダメージを与えるだけの潜在的なパワーがある。しかし素手の場合は、筋力・体力・気力といった要素による個人差はあっても、武器の場合に比べるとその影響は小さい。

ケンシロウの「北斗神拳」の場合、武器を使うシーンはあるものの、基本は四肢を活用した技法体系として描かれている。

「北斗神拳」の場合、秘孔は急所として、人体を破壊するという設定になっている。また一方で、秘孔は元気にするための経穴（ツボ）としても存在し、人を活かすために活用する。その様子も劇画の中に頻出しており、秘孔の対極的な効果が織り交ぜられている。

特筆すべきは、ケンシロウが最初に秘孔を用いるシーンは「活」の用法であることだ。その前に「殺」の用法を想像させる場面はあるが、誰がそうしたのかは明確ではない。本書の読者の方なら、それがどういうシーンであり、またそれがケンシロウによるものであろうことは容易に想像できるだろう。

「活殺自在」の「殺」のためにも「活」が重要な理由としては、武技を使うには心身が万全な状態が要件であり、そこには武術体を養成するための広義の養生法も存在しているからだ。また、怪我をした時、早く回復させる知識や技術も含まれている。

つまり、「活」の実践を念頭に「殺」の技術を練ることが、この道を極めるための効率的な方法論だと理解している。

「見える身体」と「見えない身体」

活法と殺法のいずれにおいても、「見える身体」と「見えない身体」という視点が必要だ。「見える身体」は実在する肉体で、「見えない身体」は機能的な視点からの身体と考える。

筆者が体系立てた快整体術の場合、「見える身体」を扱うのが骨格調整であり、「見えない身体」への対応になるのは経絡調整である。その両者は、症状によって使い分けたり、融合して用いる。

そして経絡調整の場合、主訴の部位とは異なる箇所へのアプローチになることが多いため、受ける側としては驚かれるケースが多い。その理論的ベースは東洋医学の経絡であり、そこでは人体には見えないネットワークがあるということを実感する。

もっとも、このような技法を積極的に「殺」に応用し、最終的に相手の命を奪うという経験などはないし、現代社会でそういうことがあってはならない。

一方の「見える身体」は、現実に見える肉体を対象としている分、わかりやすい。劇画でも、ケンシロウが人体の関節構造を念頭に置いて敵の肘関節を折るシーンが見られる。

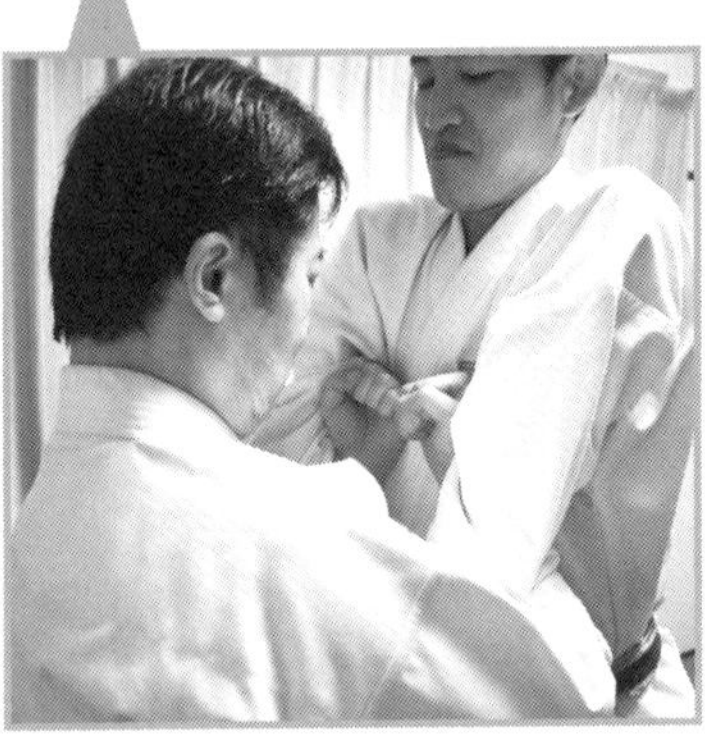

ケンシロウが使った技を、空手で再現してみる。空手の形「三戦（サンチン）」などで見られる扇受けを応用し、肘関節を極める技。❶相手がこちらの腕や胸を掴みにくる。❷かき分けて受け、❸そのまま外側から回し下ろし、❹扇受けの要領で両肘関節を上方に極める。

同じく、扇受けで肘関節を極める技。❶両者構えたところから、❷相手が中段を突いてくるのを転身しながら、❸扇受けで手首と肘関節に前腕を当て、❹腰の締めで技を掛ける。

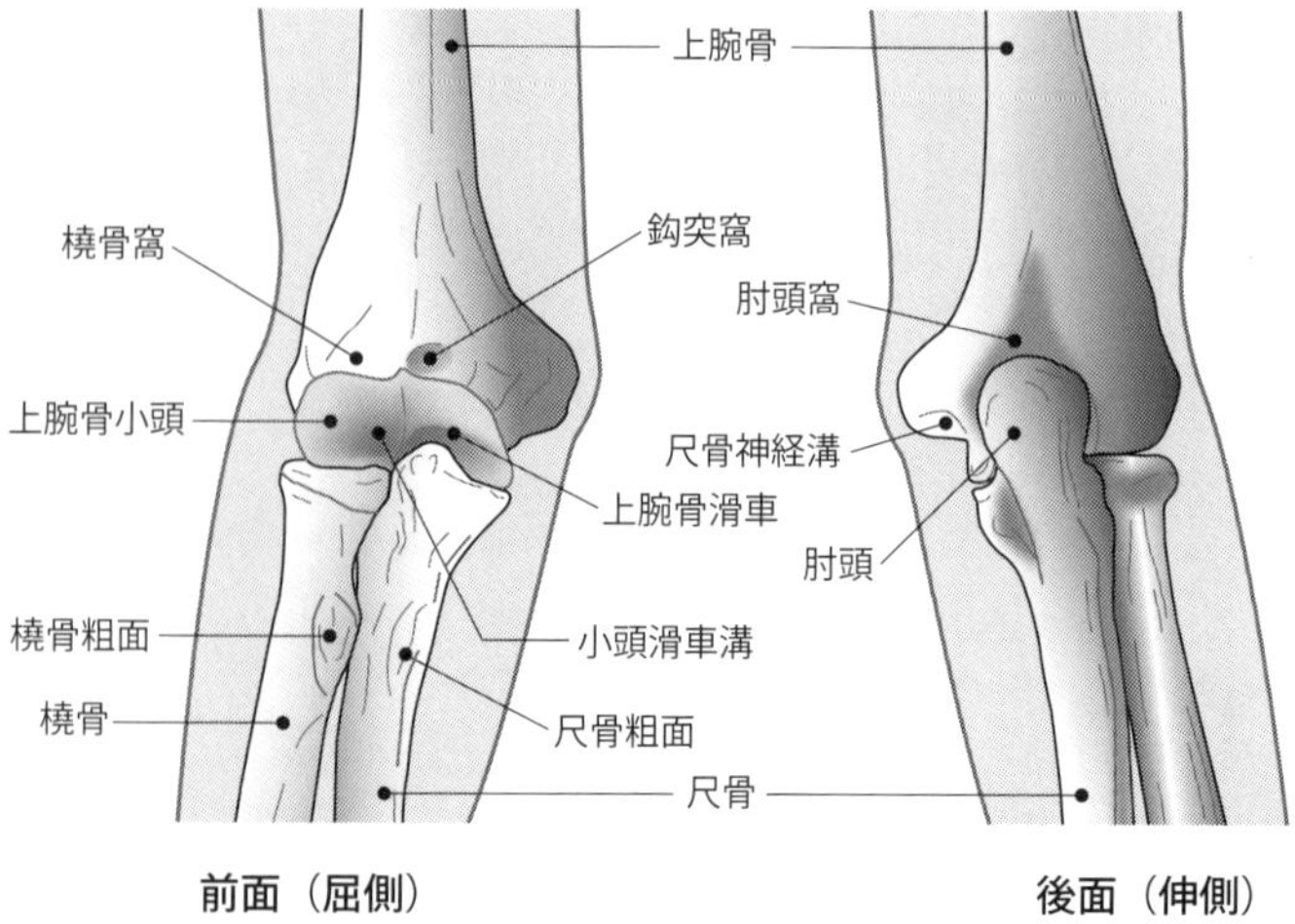

肘関節の構造。可動域と動く方向を理解して、技を掛けることが大切だ。

その様子は誇張され、骨が皮膚を突き破る複雑骨折の状態で描かれているが、現実には交通事故のような強烈な衝撃が加わらなければ難しいだろう。だが、本来の武技として行なうならば、それくらいのイメージで行なう必要があるのかもしれない。

その時の技は、空手道で言えば那覇手系の形に頻出する「扇受け」のようである。敵が両手で斧を用いて仕掛け、ケンシロウはそれを後退して躱し、その直後に相手の両上肢を両脇に挟み、肘関節を破壊している。

敵は手に重い武器を持っているため、空振りした時に素早く引き戻すことは難しいだろう。ケンシロウはそのタイミングで両腕の間に潜り込み、両肘に対して関節技で反撃した。

ただ実際のところは、両腕の間隔からして、その間に入り込むのはなかなか難しい気もする。実戦は約束事でできるわけではないので、カタチや動作だけ覚えれば使えると理解しないことが大切と考えている。

ところで、関節に対する活法としては、主として運動器のトラブル解消となる。それは関節機能を向上させ、武技の幅を広げることにも効果的だ。

秘孔は活点であり、殺点でもある

「北斗神拳」と同じく「経絡秘孔」という言葉を用いる現実の拳法に、少林寺拳法がある。その教本では14経絡の中から選び出した「活殺自在」の経穴と説明されている。原作者がこれを参考にしているかどうかは不明だが、「経絡秘孔」は現実の武術でも使用されている用語なのだ。

劇画の中で秘孔が「殺点」として用いられる時は荒々しい場面で、「活点」の場合はとても優しい雰囲気だ。このような雰囲気の変化は、現実の場面でも必要だろう。戦いの場で相手に勝つためには微塵の隙もあってはならず、緊迫した空気が流れる。しかし、秘孔を「活」で用いる時にそのようなイメージでは効果が出ない。

筆者にはそういう経験があるこそ、「活点」として用いる場面ではいかに優しく行なうかがテーマになり、「快」を意識している。陰陽論の具体的なカタチである。

そのような場の雰囲気は作品の中にも表現され、強さと優しさの共存を考えさせてくれる。

千唐流空手道の初代宗家・千歳強直先生も、武術家として比類なき強さを誇っていたが、同時にとても優しく、そのギャップを近くで見ていた。もしかすると、そのような姿を「北斗の拳」に重ねていたのかもしれない。強いからこそ、その余裕として優しさがあったのではと思うこともある。

異なる極を有するからこそ、その矛盾を追求でき、昇華していくと考えるわけだが、「北斗の拳」の最終回からもそのようなことを感じた。

ケンシロウが一人荒野を歩き、再び戦いの場に戻っていく姿に、どんな未来が展開されるのか想像が広がる。ラオウのように圧倒的な力により世界を平定する方向に行くのか、トキのように「北斗神拳」の戦いとは別の側面により、病に悩む多くの人を救うのかはわからない。あるいは、全く異なるケンシロウ独自の道を歩いているかもしれない。

千唐流空手道の初代宗家・千歳強直先生は医学も学んだ。そのため、千唐流空手道は生理解剖医学に立脚しているという特徴がある。

「活」と「殺」の異なる性質を有する秘孔の使い方を実践できるケンシロウの場合、どのような道も可能であろうし、状況に応じて使い分けているかもしれない。それは技術力だけでなく心にも関係するだけに、その未来については読者の想像力に任せる、ということなのだろう。

秘孔が効果を出した実例

最初に秘孔を意識した技として、「下段回し蹴り」を紹介したい。この技は、フルコンタクト空手では通称ローキックとしてよく用いられている。何度も蹴られてダメージが蓄積し、やがてダウンするというケースが多いが、うまくヒットすると一撃で脚が動かなくなることもある。

一撃で極める条件にはタイミングもあるが、ヒットポイントが大切だ。その部位は経穴名で言えば胃経（173頁参照）上の「伏兎《ふくと》」や「梁丘《りょうきゅう》」になる。急所の解説書では「伏兎」を挙げているケースが多いが、筆者の経験では「梁丘」も効果的であり、状況次第で使い分けたい。

蹴り方も要点の一つで、力まない、緩急をつける、軸の移動などが要領となる。それらの条件が合致した時、秘孔としての効果が発揮され、相手の動きが封じられる。

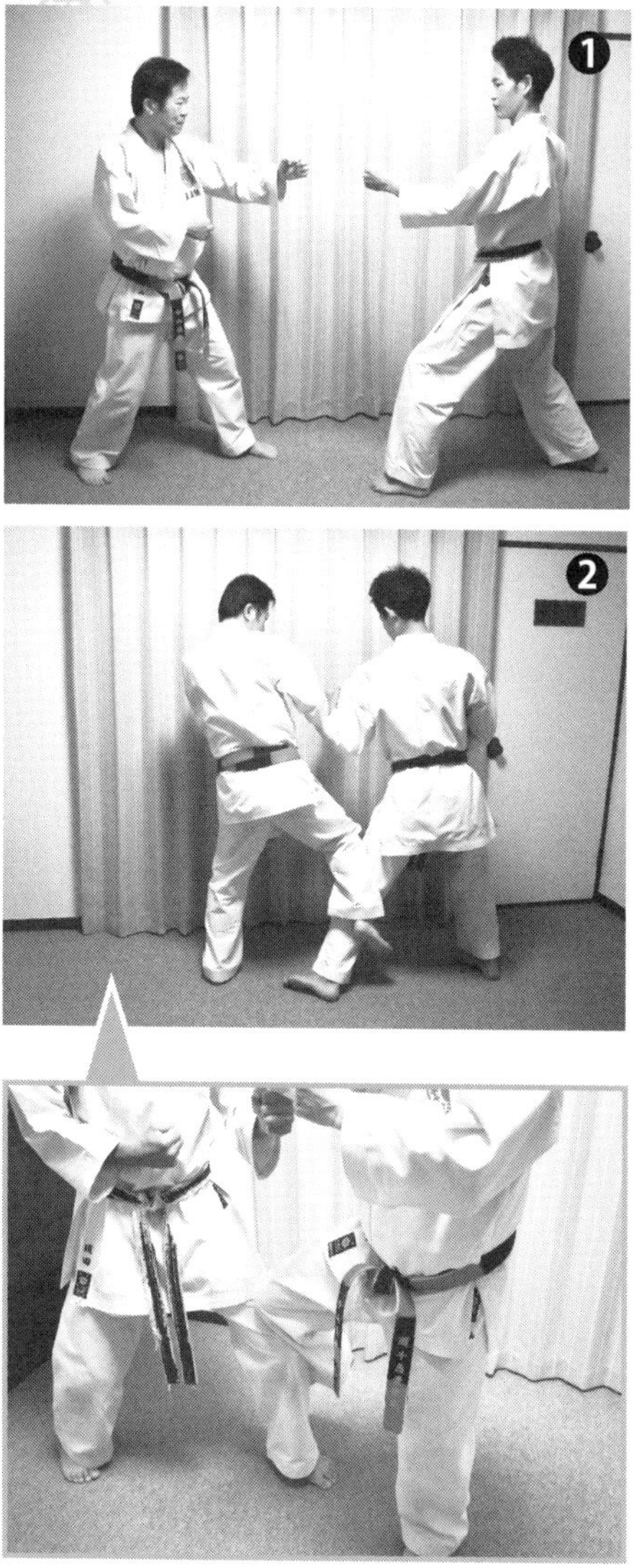

大腿部の急所「梁丘」への下段回し蹴り。体重を乗せて脛で蹴り込むと、一撃で効かせられる。

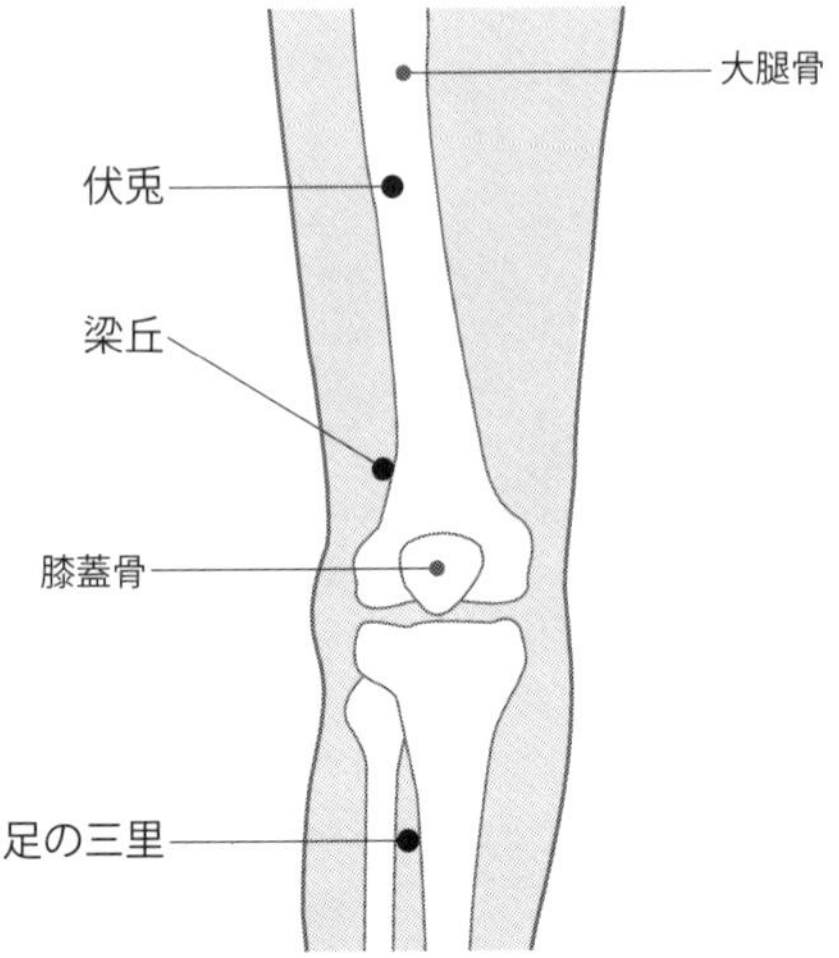

「伏兎」「梁丘」共に胃経上の秘孔。「梁丘」のほうが膝蓋骨に近い（右脚を正面から見た図）。

以前、武術専門誌「月刊秘伝」（BABジャパン）の貫通力をテーマにした特集（2011年11月号）で「裏当て」を披露したことがある。板を上下に2枚重ね、下の1枚だけを割るもので、連続写真でその様子が掲載された。同誌2014年5月号では、その動画も付録DVDに収録されている。

「裏当て」に成功した際の筆者の心は「無」だった。うまく割れる前に何度か失敗しており、月刊誌の特集というプレッシャーもあり、何とか結果を出そうという気持ちが裏目に出たのか、2枚とも割れないか、逆に2枚とも割れる、といったことが繰り返されていた。

そして、制限時間の間際、乾いた音がして、これまでと異なった感触があった。2枚目

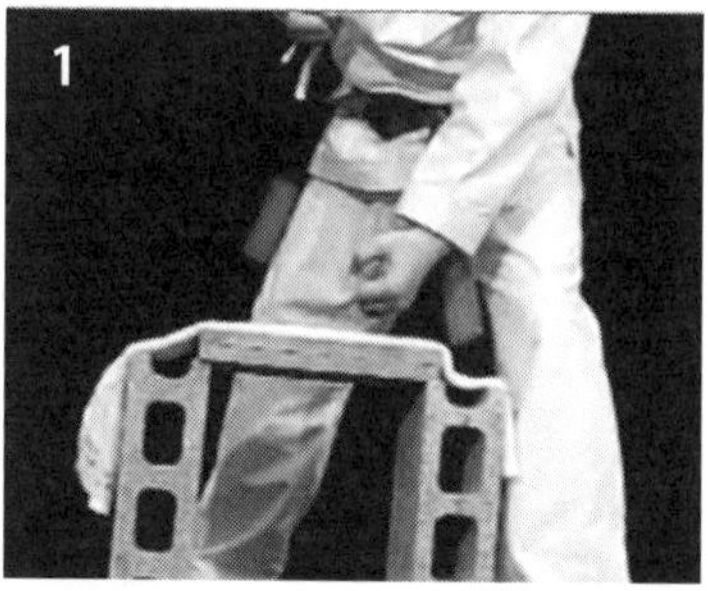

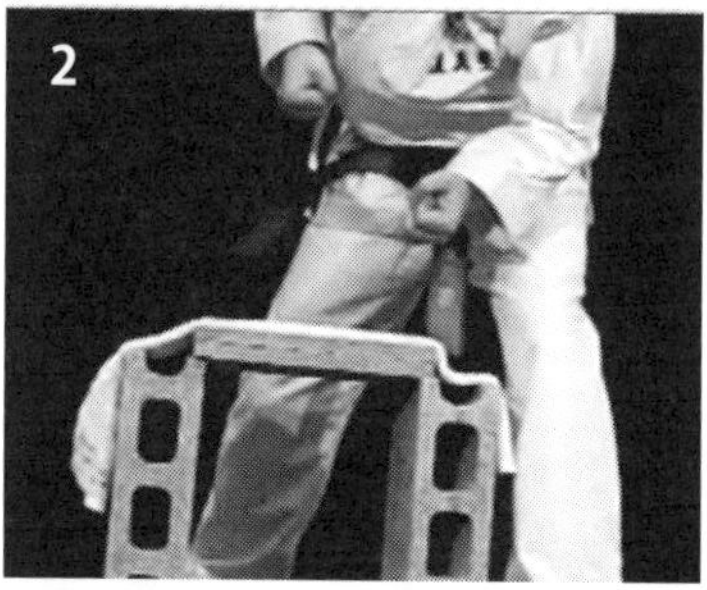

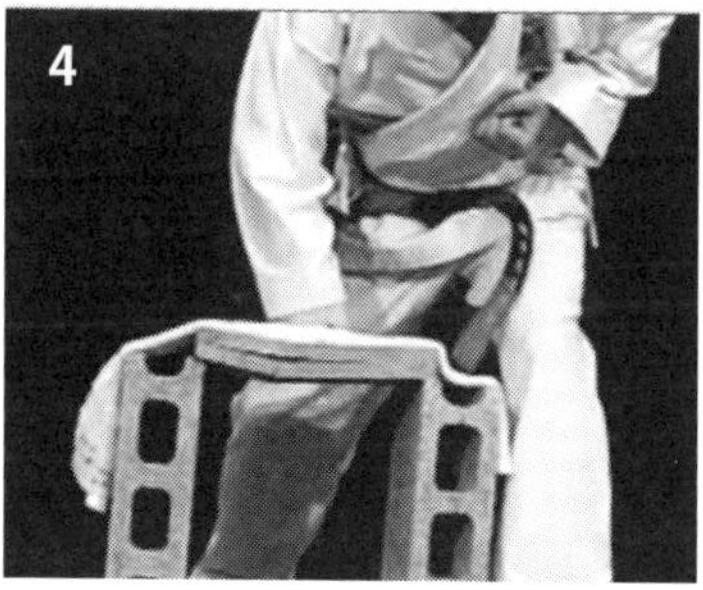

「裏当て」の瞬間（「月刊秘伝」2011年11月号特集より）。重ねた２枚目の板だけが割れている。

の板だけが割れており、「裏当て」が成功していたのだ。

この「無」の心になった時は、それ以前にもあった。組手をやっていて、通常は割れることなどない防具のスーパーセーフ面を割ったことがある。それは決して腕力ではなく、「無」の状態だった。自然な身体の使い方が限界を超えるパワーの発現になったと、後で理解した。こういうところは「殺法」の技術的ベースになると考えている。

「活法」のケースについては、整体術の臨床現場やセミナーの場などがある。1穴だけの秘孔で効果を出した二つの事例をご紹介する。いずれも整体術のセミナーを行なった時のことだ。

その一つは喘息の発作を止めた時である。突然、受講生の一人の呼吸の様子がおかしくなり、喘息の持病があるとのことだった。呼吸の乱れは発作の最初の状態だと理解し、すぐに対応した。

このような場面はめったにないが、教える側としては結果が求められる。こういう時、焦りは禁物だ。その気持ちが手を固くし、そういう手で対応したら逆効果になる。

この時に使用したのは肺経（172頁参照）の募穴で、「中府《ちゅうふ》」だった。人差し指に中指の腹を重ねて圧を加えたが、その時の指の入り方は、周囲の受講生が驚くほど深く入っ

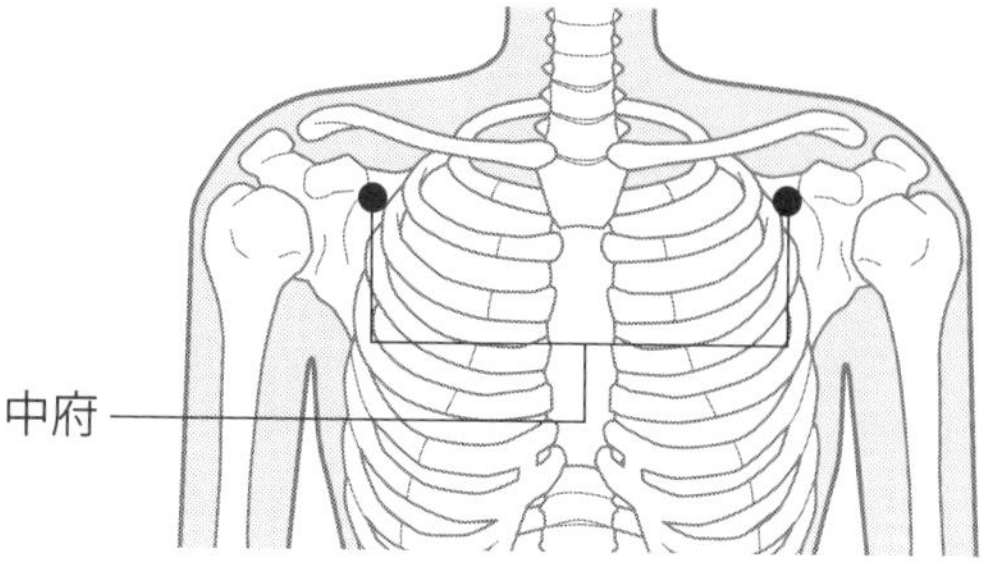

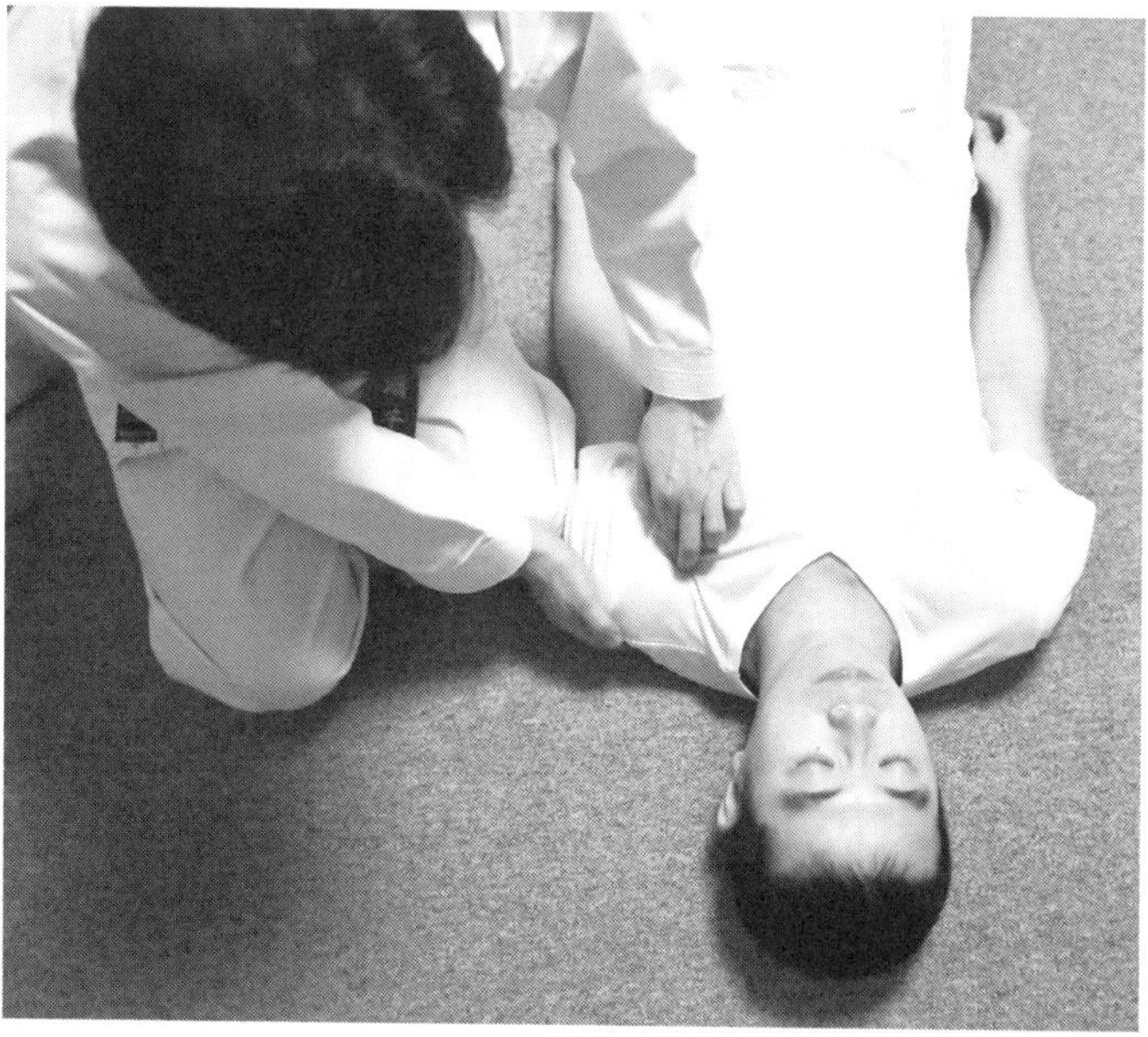

「中府」は、整体術で呼吸器のトラブルを改善する肺経の募穴。接触している指が深く入っている。喘息に対応する時は座位で行なう。

ている。1回あたりの押圧時間もそれなりで、数回繰り返した。

結果的にそれで収まったが、後で話を聞くと明け方に発作が起こることが多く、一旦そうなると薬で抑えているという。それがたった1穴へのアプローチで止められたことに驚いていた。

他の受講生から施術時、指が深く入っていたが、痛くなかったかという質問があった。内側に入っていく様子は感じたが、見た目と異なり痛みはなかった、むしろ心地良かった、という感想に周囲は驚いていた。これは、「同化の意識」からの変化の一つで「活の意識」の実践例である。

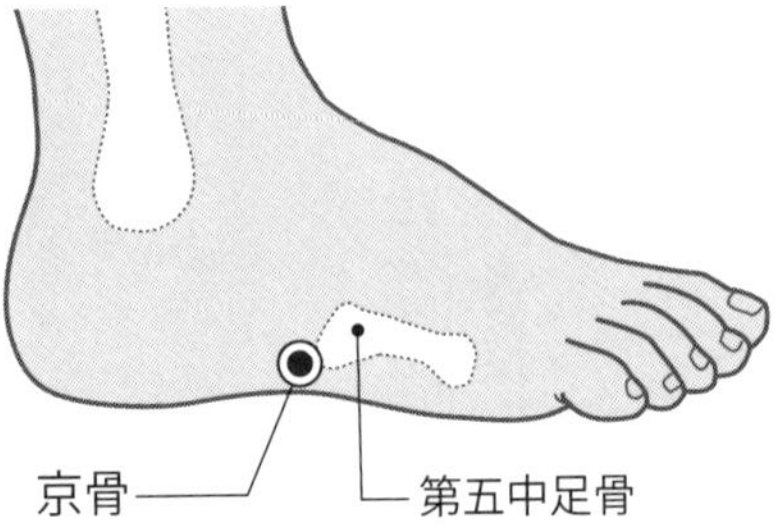

「京骨」は膀胱経の原穴。整体術では、ギックリ腰への対応に使われる経穴だ。

もう一つはギックリ腰の事例だ。その受講生は、それまでギックリ腰を3回経験しているという。この時の状態は、完治に1ヶ月ほど要した時と同じ感覚だったそうだ。

ギックリ腰を起こす場合は、何気ない動きの時が多いが、まさにそういう状態だった。

その対応は整体術の臨床現場でもよくあるので、喘息の場合よりも経験は豊富だ。アプローチしたのは「京骨《けいこつ》」である。ここは腰部に走行する膀胱経（176頁参照）の原穴で、経絡全体に影響する。

この時も「同化の意識」で数回押圧し、この1穴だけで好転した。ただ、これをマニュアル的に行なえば誰でもできるというわけではなく、他にも条件がある。武術と同様に、経験を積むことが大切なのだ。

急所としての秘孔の分類

劇画では、秘孔が強烈な破壊的作用を表わすシーンや、秘孔で相手を意のままに操る場面を見る。しかし、そのような効果は現実の秘孔には存在しない（筆者の勉強不足、技術不足でそう理解しているのかもしれないが）。

急所としての秘孔は、「痛穴《つうけつ》」「麻穴《まけつ》」「死穴《しけつ》」の三つに分類される。

「痛穴」は痛みを与える秘孔で、一時的に激痛を与える。とはいえ、秘孔は「活点」としても用いるため、単に押さえただけでは激痛にはならない。「殺点」として用いるには刺激の質も要求される。

また、受け手の状態によってはあまり効果が見られないこともある。これは他の秘孔も同様だ。相手の状態をよく観察し、適切な条件下で用いることが大切になる。

続いて「麻穴」への攻撃では、身体の機能が麻痺するとされる。

秘孔の部位には神経や血管が集まっているケースが多く、そこに強烈な打撃を受けることで麻痺するというのは、「見える身体」の仕組みからも理解できる。一方で、経絡には「見えない身体」への作用もある。

この秘孔を攻めて相手の動きを不能にすれば、戦いを終わらせる可能性が高くなる。秘孔は、無駄な戦いを続けないためにも活用できるのだ。

最後の「死穴」は、「北斗神拳」の秘孔のイメージに最も近いだろう。ただし、ここで言う「死穴」は必ずしも相手を死に至らしめるものではなく、「気絶する」も含む。相手を動けなくする秘孔だ。

また、秘孔への攻撃のつもりでも、刺激を与える範囲が広くなり、結果的に周辺部位の破壊につながることもあるだろう。例えば、秘孔を攻撃したところ、その周辺の骨を折り、それが脳や内臓を傷つけるという事例だ。

例えば、上段蹴りで頭蓋骨を粉砕するというケースだ。頭蓋骨は固いため簡単には粉砕できないが、空手道の試合の事故例として耳にしたことがある。頭蓋骨の厚さ、強度については一様ではないため、場所やタイミング次第ではあり得るだろう。

このようなことはいずれも、物語やゲームではともかく、現実の世界であってはならないと考えている。

秘孔を使い分ける「加減」

秘孔は、一つの箇所が「活点」と「殺点」という両極の作用を持つ。そのため、単に刺激を加えれば良いわけではなく、具体的なコツ・条件が存在する。いずれの場合も、刺激が深部に浸透することが必要になる。

小が大を制する武術を体現した、養神館合気道の塩田剛三先生。

「殺法」の場合、秘孔云々を交えず、単純なパワーで相手の身体を粉砕することも可能だろう。だが、それは「北斗神拳」のイメージではないし、秘孔の概念は必要ない。

現実の世界では、アメリカのケネディ大統領の屈強なボディガードを押さえ込んでみせた合気道の塩田剛三師範のように、小が大を制するところにロマンを感じて武術を練磨する人も多いだろう。

千唐流空手道の千歳強直・初代宗家は、第二次世界大戦後、進駐軍のアメリカ人に空手などの日本武道を教授していた。戦争直後、敗戦国の人間が戦いの技術を教えるというこ

進駐軍に空手を教えていた時の千唐流空手道・初代千歳強直宗家（右から二人目）。米兵たちとの体格差が如実にわかるが、おそらく秘孔を用いた技も使って、実力を示していた。

とは、社会情勢からしても、日本人とアメリカ人の体格差からも、過酷な場面があったと思われる。そこでは武術として効果的な技法が必須であり、秘孔も活用されたと想像できる。

秘孔への「加減」では、いわゆる「力」以外に「方向」も含まれる。東洋医学では、経絡に「気」のエネルギーが流れているとされる。その流れの方向を踏まえて刺激する必要がある。つまり「気」の流れの方向に対して「順」か、あるいは「逆」かを意識する。

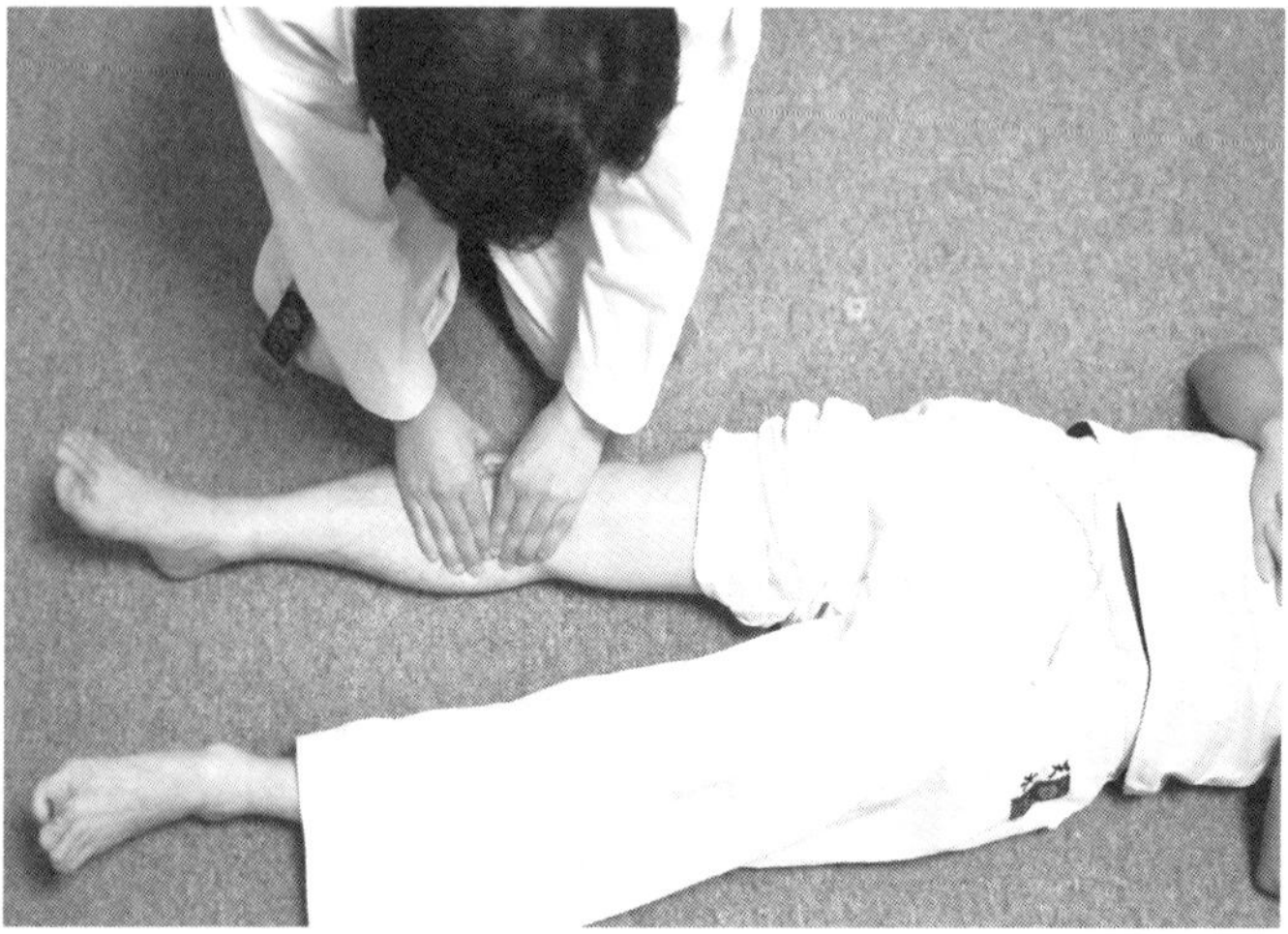

施術者の体重を活かして、経穴「足の三里」を押圧しているところ。体幹部や上肢の中心軸を意識すると自重が乗り、圧の浸透を図れる。

加えて「場」も条件になってくる。戦いの場では、相手も防御の意識があるだろう。そのため、秘孔にアプローチしても防御反応で弾かれる可能性がある。それこそ矛盾の世界になるが、「北斗の拳」でも比較的早い段階で登場するハートがその一例になろう。もちろん、劇画の中ではそれをも凌駕するケンシロウがいるが、そのための工夫も描かれている。

また、「活法」における「加減」でも、力みは否定される。力みは自他共に身体を固くし、体調好転どころか新たな問題も生じさせかねない。

だからこそ、身体の中心軸を活用

し、自身の体重を活用する。この中心軸の意識は武術においても必須であり、「見えない技」として「活」と「殺」の両面に作用する。両極となる体系でも、共通するものがあるわけだ。

また、圧を加える「方向」については、東洋医学でいう「補」と「瀉《しゃ》」の使い分けとなる。「補」は「気」が流れる方向に順、「瀉」は逆を意識する。

そして「活」の場合は、リラックスした状態で行なうことが大切だ。「殺」のように緊張状態で用いないのは当然だが、秘孔としての効果を出すには、同様の視点は必要ながらも、用い方はいずれも反対になる。

「気」で人を倒せるか？

秘孔（経穴）は「気」が流れる経絡上に存在し、東洋医学では全身に影響を与える特異点として活用される。鍼灸治療がその典型例だが、指圧など手指で刺激する方法もある。

そこでは体調不良を「気」の流れの問題に帰結させ、流れを改善するためにいろいろな

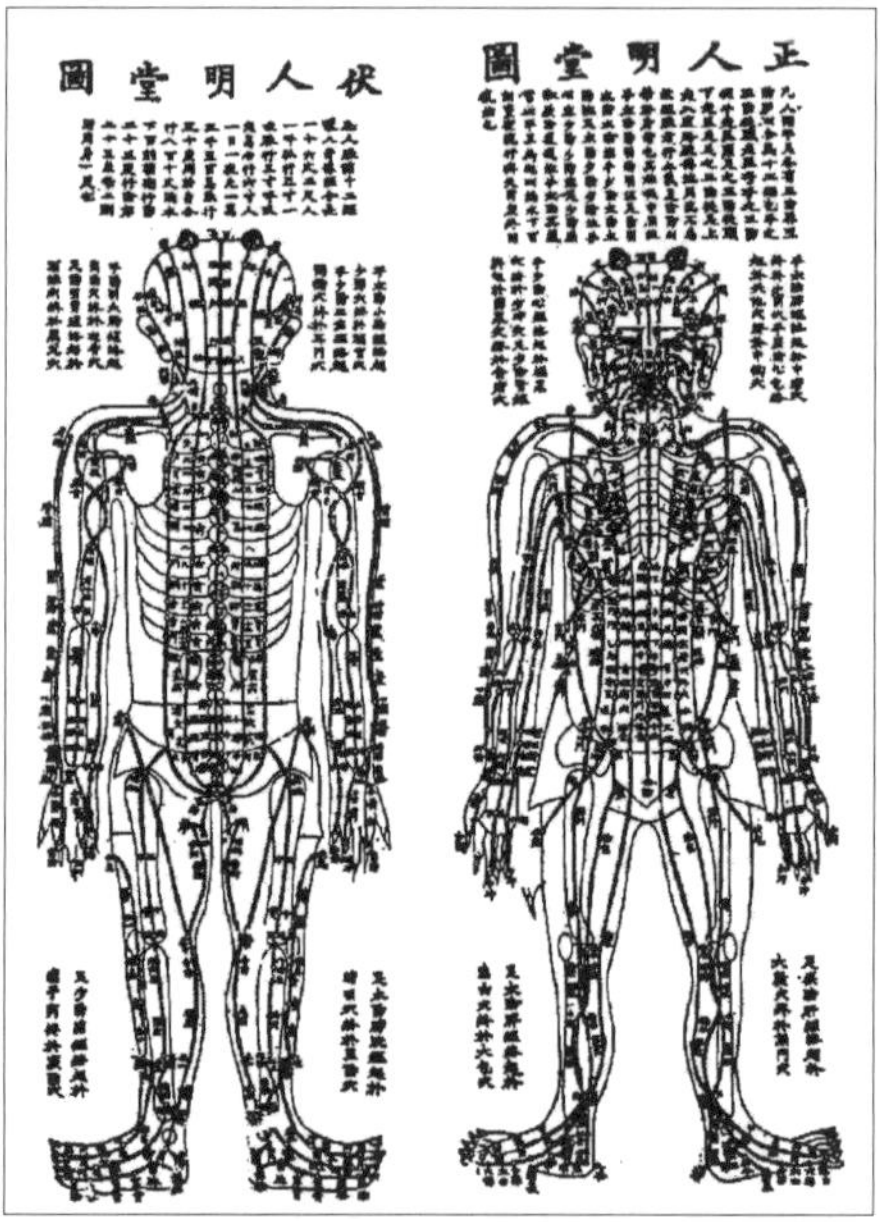

全身を走行する経絡のネットワーク。秘孔（経穴）は、これらの経絡上に存在している。

刺激を加える。

ただ、「気」の存在について懐疑的な考えを持っている人がいるのも理解している。ここでは秘孔をあえて経穴とするが、経穴は他の部位に比べて神経や血管が密集しており、その解剖学的所見を説明する専門書もある。

以前、上海中医大学を訪れた時、解剖学教室には経穴とされる部位の深層部が見える標本がホルマリン漬けになっていた。そこでは、東洋医学の概念と現実の肉体の関係性を追求する様子が見られた。

確かに「気」は、実在のエネルギーとして理解できる部分とそうでない部分がある。実在のエネルギーとしては電磁波という捉え方ができる。実在が見えない部分では意念が関係し、物理学で測定できない範疇となる。

ただ、東洋医学では経絡・経穴理論はしっかりと体系化されており、WHO（世界保健機関）でも認められ、個々の経穴に国際名が付けられている。

経穴を用いた針麻酔が注目されたケースもある。1972年、当時のアメリカ大統領が中国を訪れた時、針麻酔による開頭手術の様子を見せたという。通常の麻酔を使わずに、患者は会話もできたという。これは経穴を活用して痛みを軽減、消失させたと推測される。経絡は「気」が流れるルートとして体系化されており、解剖学ではなく、経験から編まれている。

以前、現代医学の複数の医師に、解剖学や生理学などの観点から、経絡で効果が出る理由を伺ってみたが、明確な回答は得られなかった。現代医学で捉える身体とは異なった人体のシステムがあり、それを活用したのが経絡理論だと理解できる。

このように「活」の世界では「気」について理解できる要素があるが、「殺」の場合はどうだろう。肉体の特定箇所に刺激を加えた結果は、経験則上、十分な効果がある。もちろん肉体の構造も関係し、不可思議なパワーとしての「気」のみの作用ではない。

「北斗の拳」の前半では、秘孔を直接的に攻撃する急所のイメージそのもので話が進んでいる。しかし、少しずつ「気」が超能力的なイメージで登場してくる。

超能力ブームは1970年代からスタートするが、現実離れした現象は人々の心を引き付けた。それが高じて「気」で人を飛ばすことになるのだろうが、筆者の経験から言えば無理だといえる（浅学菲才、経験不足からの言葉ではあるが）。

そのようなパフォーマンスを知った時、筆者も大変興味を持ったが、現実に空手道を稽古していると、そのエネルギーはどのようにして発生するのか、疑問を持った。

当時、その体験企画が「月刊空手道」（福昌堂）で出たようだが、結果的に実現しなかった。武術の世界では再現性の高さが必須になる。実体としての身体へ加撃があり、それが肉体的に弱い箇所であれば、その効果の発現率は高いといえる。

離れた間合いで相手を倒すパワーを出せる理由はわからない。相手の脳に信号を送り（気功治療でも説明されるロジックだが）、相手自身が動いて飛ぶと聞いたこともある。ただその経験がないので、未だ理解はできない。

「北斗の拳」の後半に登場する「元斗皇拳」や「北斗琉拳」に見られる「気」の技は、あくまでも劇画の中の技だと考えている。

新しい秘孔の追求

劇画の始めのほうで、アミバというキャラクターが登場する。曲がった性格で、トキに対して恨みを持ち、その名を汚すようなことをやっている。その方法や目的はともかく、一つだけ評価できるところがある。

劇画ではトキの名を語って人を集め、新しい秘孔を見つける人体実験をして、結果的に死に至らしめるシーンが描かれる。

現実世界でも、新薬の開発の際、最終的には人体での検証が行なわれる。だが、その前にいろいろな試験を重ね、安全性が一定の基準以上で担保される場合のみ、最終確認としてモニターに投与されるのだ。

アミバの場合、そういう過程はなく、いきなり自分が勝手に考えた部位に対して刺激を加えている。殺法が目的なので、そもそも「活殺自在」の範疇から外れ、単なる殺戮手段の追求になっている。

ケンシロウの怒りの理由は、トキの名誉を貶めたこともあるだろうが、アミバの偏った考えが人として許せなかったのではないかと考える。殺戮の方法を研究する者はマッドサイエンティストと呼ばれるが、人間の残酷な側面といえる。

ただ、劇画では自分の部下に対して秘孔を活用し、身体能力を上げたケースがあった。もし、それを良い方向に使っていたなら、探求の価値はあったといえよう。

アミバの場合、その探求心だけは立派だが、心が欠け、低級な虚栄心が表に出た結果、間違った方向に進んだのだろう。

ケンシロウとアミバの戦いの場面では、秘孔封じが見られる。現実にそのような話は聞いたことはないが、劇画としては面白い。

攻撃技の対極として、防御技がある。ここでは、目に見えない内的な方法で相手の技を封じているようだ。そういうシーンを見ると、この劇画には武術に対する尊敬の念がしっかり含まれているように思える。

良い意味で、アミバの探求心だけは見習いたい。整体師としての臨床現場では、専門書に書かれていない経穴の効果を感じたことがある。良い意味で真摯な探究心があれば、いろいろなものが見えてくるのだ。

第2章

「殺」の秘孔に迫る

「お前はもう死んでいる」は真実か・・・

劇画の随所に登場するケンシロウの名セリフ、「お前はもう死んでいる」。この言葉にどれだけの人が魅了されただろうか。

かくいう筆者もその一人だが、ケンシロウが秘孔を突き、後ろを向いて立ち去る時、その直後に悪党の身体が爆発する。悪いことをやってきた相手だから、読者はそこで留飲を下げるのだろう。現実の武術でもそれは可能なのかと思ってしまうが、ロマンとしてはそういった秘技の存在を期待したいところだ。

整体術では、秘孔（経穴）を用いた施術を受けた方から、不思議な感覚を伺うことがある。経絡に温かいものが流れる、あるいはひんやりしたものが流れる、さらには虫が這っているようなムズムズ感があるといったことだ。劇画で秘孔を攻撃した時、身体がムズムズする変な動きをしてから爆発するのは、それを誇張した上での表現と理解している。

ネットの情報では、劇画「空手バカ一代」で「3年殺し」という技が登場し、肝臓と脾臓の急所を突くとじわじわと機能不全になり、やがて死亡するといったまことしやかな話もある。このように、一定の時間が経過した後に効果が現れるという要素がまた、ロマンを掻き立てる。

確かに人間の身体のネットワークは複雑で、どこかの臓器が機能不全になることで全身に悪影響を与え、場合によっては死を招くようなこともあり得ないとは言わない。

交通事故などで身体の一部を損傷し、それが原因で内臓を損傷することがあるケースだ。例を挙げれば腎臓を傷め、そこから腎不全になることがある。

腎臓が衝撃を受けた場合、その働きの低下から来るむくみや排尿に関係する症状がみられることがある。そして、腎不全になると最悪、死亡することもあり、ある統計によると日本人の死因の7番目というデータもある。

命にもかかわるトラブルということになるが、その原因が外部からの大きな力ということもあり得るとしたら、特定の刺激が時間差で死をもたらす、という技もあながち不可能ではないようにも思える。

だが、前述のようにこれは交通事故のような大きな衝撃が加わった場合の内臓の損傷の話であり、秘孔を突いてそのような効果を期待するのは難しいだろう。

確かに、「活」の方法では秘孔に刺激を加え、関係する臓腑や機能の活性化を図るが、

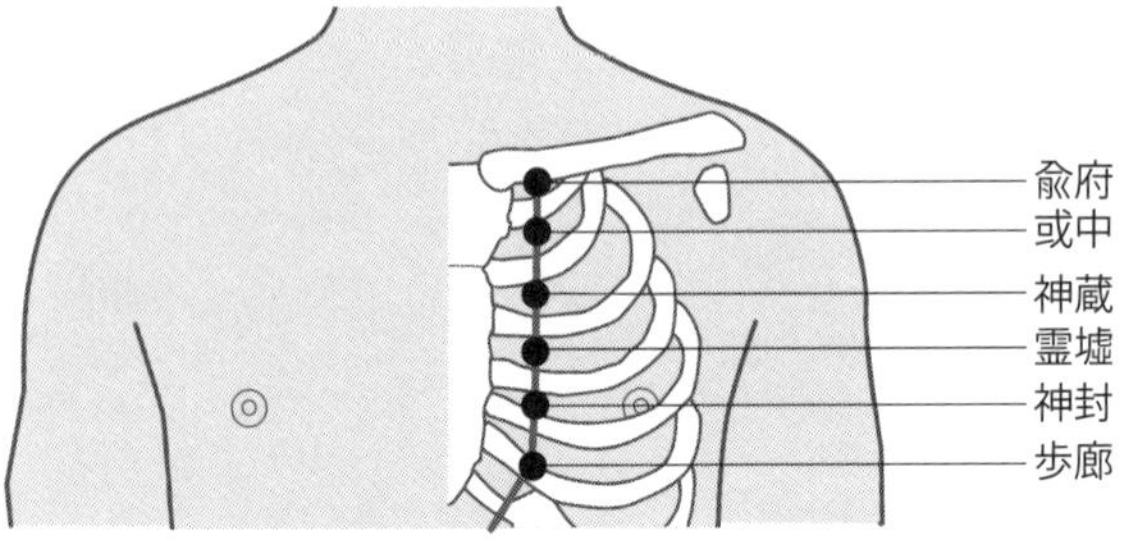

「神封」は腎経の秘孔。第４肋間、身体正面の正中線から左右両側２寸のところにある。

そのベースには自然治癒力がある。秘孔の急所的な作用の中に「死穴」があるが、腎臓の機能に関する秘孔にそこまでの作用があるという知見はない。

また、劇画ではラオウがレイに対して秘孔「新血《しんけつ》愁《しゅう》」を突き、３日間の命を宣しているシーンがある。経穴には異名が存在する場合もあるが、「新血愁」という名称は見つからなかった。筆者の勉強不足かもしれないが、画から想像するに、あえて実在する箇所として挙げるなら「神封《しんぽう》」のように見える。

「神封」は腎経（177頁参照）にあり、心臓や血液循環に関係が深いとされるので、ラオウの全身から血を噴き出して死ぬ、というセリフのベースにあるのかもしれない。

死の秘孔は武術でいう死穴か

意識を失わせ、戦いを継続できなくさせる秘孔も「死穴」とされるが、よく知られる秘孔として挙げられる「水月《すいげつ》」について考察してみよう。

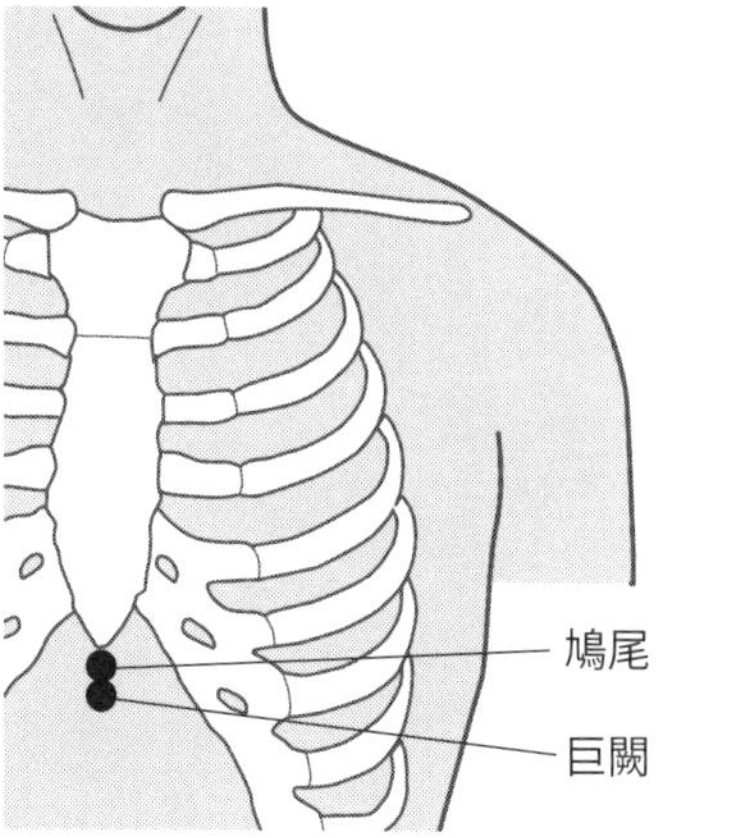

「鳩尾」「巨闕」共に任脈上に存在する経穴だ。
任脈は、主に身体正面の正中線を走行する。

「水月」は気絶させる急所として知られ、実際にここに打撃が入り、気絶まではいかなくても一時的に戦闘不能になったことがある武術家は多いだろう。しかし、命を落としたという話は耳にしたことがない。だから「死穴」もそれくらいの効果と推察される。

実は「水月」という急所は流派によって部位が異なる。みぞおち辺りであることは同じなのだが、流派によって「鳩尾《きゅうび》」、あるいは「巨闕《こけつ》」とされる。

「巨闕」は「鳩尾」の1寸下（この場合の寸とは東洋医学でいう尺度になる）で、「巨闕」は臍から6寸上方とされる。

この急所を正確に突く場合、「正拳」だとわずかな位置関係のズレが生じやすいので、

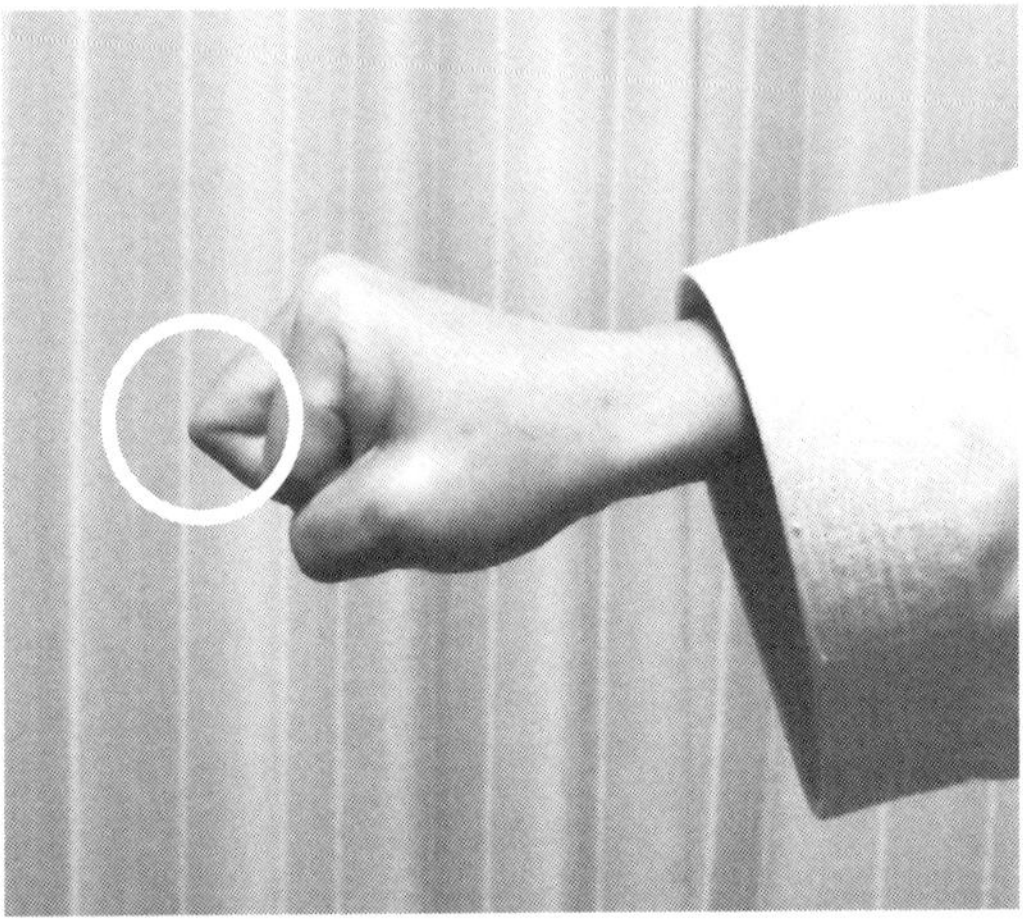

中高一本拳の拳形（上写真）。中高一本拳は、みぞおちの「水月」をピンポイントで突くのも有効だが、顔面の急所などにも使える（下写真は眉間の急所「烏兎」）。

空手でいう「中高一本拳」など関節部を突出させた「点」の拳形で攻撃する。ただ、「正拳」のような「面」の拳形であっても、相手の動きを封じる効果はあるだろう。

この部位への打撃は横隔膜神経に作用し、呼吸ができなくなる。また、胃にもダメージが及ぶ。

深い浸透を目指すならば、「一本貫手」も使える。これは「北斗の拳」ではたびたび登場する拳形だが、指の鍛錬が不可欠になる。

また、秘孔への攻撃では正確なコントロールに加え、経絡を流れる「気」の方向の意識も重要だ。秘孔に対して垂直、順、逆の3パターンがあり、状況に応じて使い分ける。これは東洋医学における経絡調整の「虚実補瀉」に

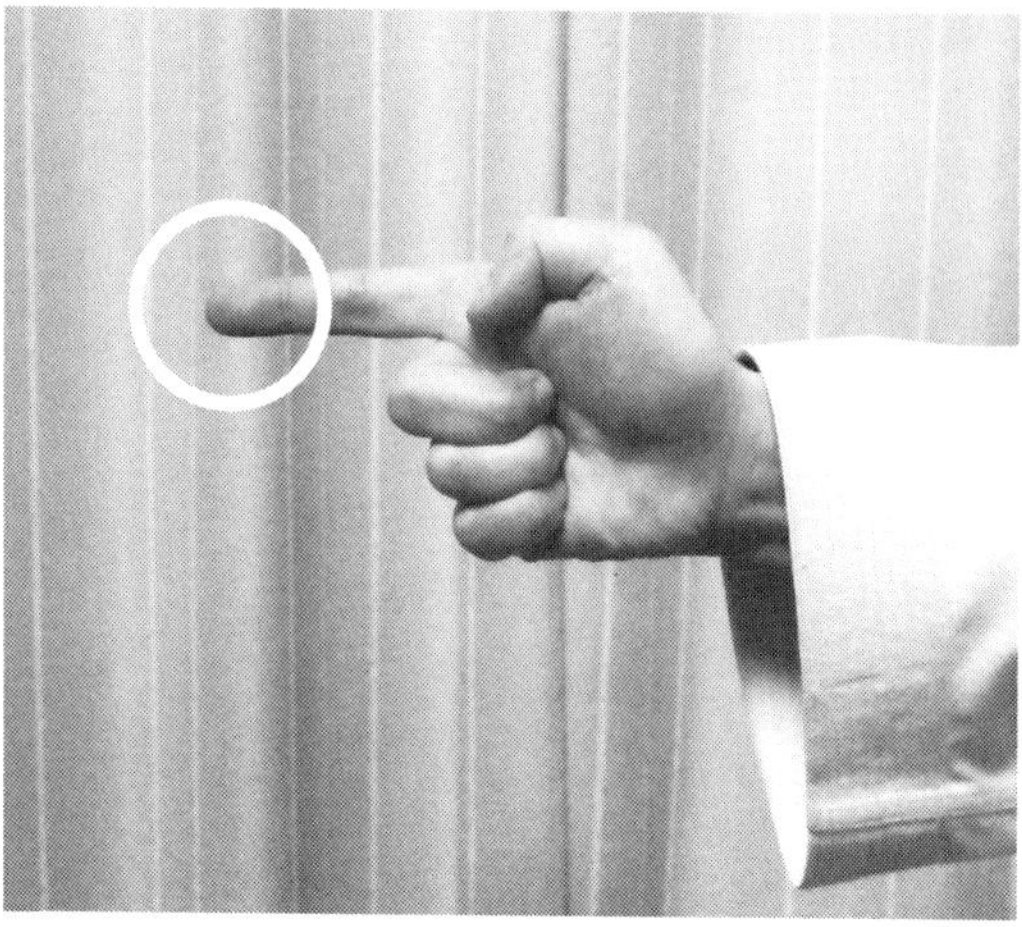

一本貫手の拳形。腹筋の継ぎ目を狙えば、水月に刺さるように浸透する。ただし、指の鍛錬が必要である。

通じる。

武術書の中には、秘孔への攻撃で臓器を損傷させ、致死のダメージを与えると記述されているケースもある。しかし、その目的ならば、首の骨を折ったりするのが現実的であろう。そのあたり、少々誇張された理論も散見されるようだ。

指による身体への浸透

劇画では、指が身体の奥深く突き刺さっているシーンがよく描かれている。その部位は軟部組織上の場合もあれば、明らかに骨があるところもある。例えば頭部もそうだが、現実には無理だろう。

軟部組織の場合、皮膚を突き破るのは無理でも、見かけ上、体内の深部まで入ることはある。

体内に物理的に何かを突き刺すという「活」の方法には、鍼《はり》がある。中国と日本とではその方法が少し異なり、日本の場合は針が細く、刺し方も浅めである。これは虚実の関係で、大陸は実証のほうが多いからだと聞いたことがある。

ここでは刺激の浸透という視点に変え、「水月」の場合で話を進めよう。

攻撃を「正拳」で行なえば、「点」ではなく「面」になり、浸透させるには難易度が高い。そこで、空手道の最も強力な拳形は、接触部位が指先となる「貫手」だ。

そう考えると、劇画では結果的に「北斗神拳」モドキであったアミバの場合、疑似拳法であっても、指の基礎的な鍛錬はできていた。その探求心と相まって一流の拳法家になっていたかもしれない。悪党キャラだが、見方を変える

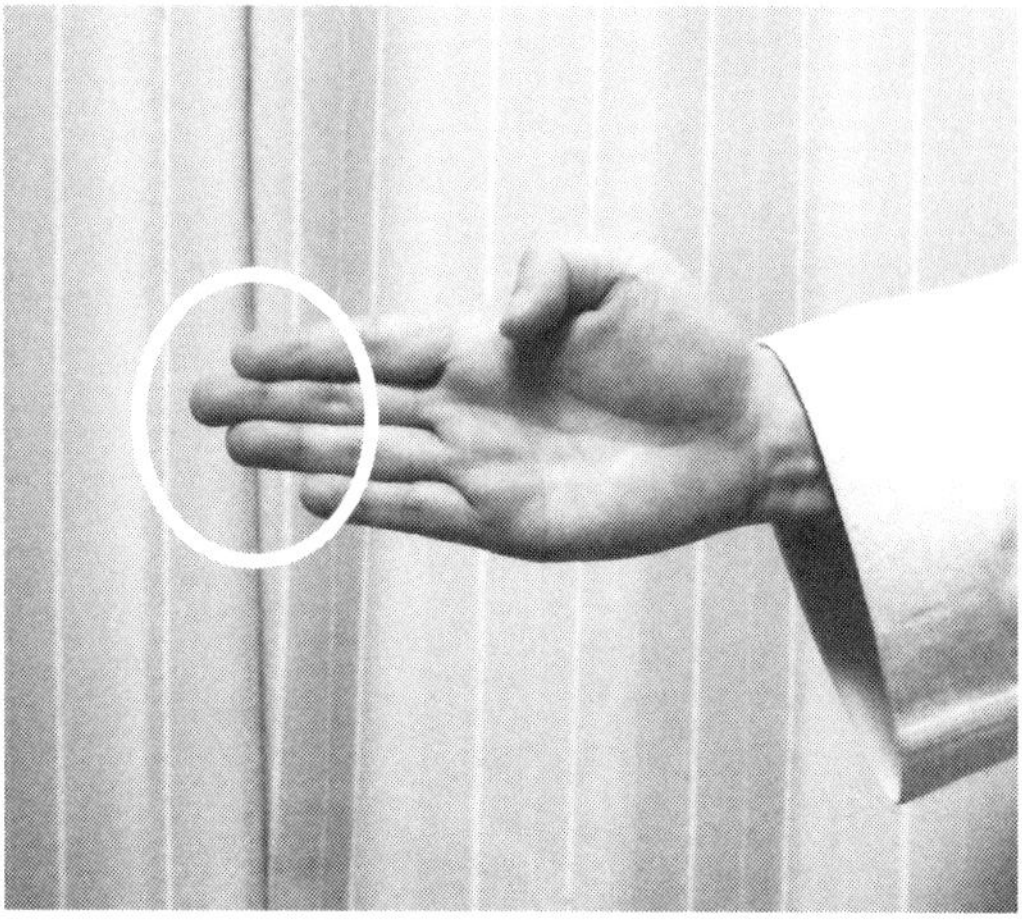

四本貫手の拳形。中指を中心にして、突き刺す攻撃ができる。手のひらの向きは、縦（上写真）でも横でも使える。

と武術家として必要な要素を持っていたとも読める。

ただし、正拳のような「面」でも浸透させることは可能である。「裏当て」の技法、あるいは筆者が「通し」と呼んでいる技である。

現在筆者は、この意識と実践を整体術の臨床現場で用いているが、武技に合わせること

中段突きによる「通し」。ただ触れているように見えるが、徐々に内部へ圧が浸透し、背中まで到達する。

もできる。一見触れているだけだが、刺激がじわじわと浸透し、やがて身体の裏側に伝わっていく。デモンストレーションとして行なう時、腹部で行なうことが多いが、その刺激が背中に届くことを感じた道場生が数名いる。

中には数日後、背中が異常に痛くなり、ほぐしてもらったというケースもあるが、それは体重が１００キロを超えるオーストラリア人で、その効果に驚いていた。ただ、それは静かな状態で行なったことであり、素早く動き回る実戦の場で使えるかはわからない。

肉体・物体を切り裂く南斗聖拳

「北斗神拳」と「南斗聖拳」の相違点として、「北斗神拳」は内部からの破壊、「南斗聖拳」が外部からの破壊、となっている。

「南斗聖拳」の場合、触れるものは全て刃物で切り裂くが如きの結果になっている。その中にも複数のパターンがあり、それぞれで流派名を冠し、特徴を表わしている。

全て「鳥」が関係しており、例えばレイの「南斗水鳥拳」や聖帝サウザーの「南斗鳳凰拳」などだ。

「南斗水鳥拳」の場合、同じ「南斗聖拳」の一つ、「南斗紅鶴拳」のユダが思わず見とれるくらいの美しさを有し、優雅でありながら強いという設定だ。

空手の「鷺足立ち」。転身や攻撃を避ける時、瞬間的に用いる立ち方。

筆者が修める千唐流空手道の「形」でも、「鎮東《チントウ》」や「鷺牌《ロウハイ》」などは鳥の動作を模倣している。また、「鷺足《さぎあし》立《だ》ち」という立ち方もある。一般的なイメージでは鳥と戦いは結び付かないが、中国拳法の鶴拳なども存在し、現実の武術でも鳥の動きは多く取り入れられている。

二段蹴りで飛び上がったタイミングを捉え、中段突きを極めた試合の一場面。

さて、現実の拳法や空手道において、拳足で相手の身体を真っ二つに切り裂くことはあり得ない。もちろん、表皮が少し裂ける程度ならある。ボクシングでも瞼を切って出血するケースは多い。

空手道の試割りでは、自然石を手刀で割ることもあるので、レイが岩を切り裂くシーンと重ねる人もいるだろう。実際、そのような意識で試割りすることで成功率を上げることは可能かもしれない。

また、「南斗聖拳」の場合、鳥の動きが念頭にあるせいか、跳躍を伴う技が頻出している。

レイとラオウが戦う際、馬上に相手がいるからか、大きく跳躍し、頭上から攻撃を仕掛けるが、マントに遮られ、一瞬攻撃が止まったところに反撃されるシーンがある。飛び上がった時は地に足が着いておらず、相手の攻撃を避けるのは難しい。

その状況は空手道の試合でも見られる。例えば、二段蹴りで仕掛けた相手に対して、中段突きを合わせるケースがある。飛び上がった場合、着地するまでは空中での動線の変化は難しい。動きを読まれていれば、その隙をつかれてしまうのだ。

「剛の拳」と「柔の拳」

武術においては「剛」と「柔」の概念があり、空手道の流派の一つに「剛柔流」が存在する。剛柔流空手道は「武備誌」の「拳之大要八句」に記されている「法剛柔呑吐」という言葉から命名されている。

「北斗の拳」では、ラオウが「剛の拳」でトキが「柔の拳」といえる。そして、ラオウはトキの「柔の拳」がケンシロウに伝えられることを恐れていた。

同じ師から同じ流儀を学んだはずなのに、そのような違いが生じることは、現実の世界でもある。剛柔流空手道開祖・宮城《みやぎ》長順《ちょうじゅん》先生と千唐流空手道開祖・千歳強直先生（初代）は、共に那覇手の大家・東恩納《ひがおんな》寛量《かんりょう》先生の門下だった。宮城先生のほうが先輩だが、とても気が合ったという。

宮城先生の拳はまさに剛拳だったという。そこで千歳先生はその衝撃を緩和させて応じることがテーマになったと聞いている。筆者が初代から教えを受けていた時、あるいは残された映像を見ても、まさに「柔の拳」である。そこに、ラオウとトキの拳法のイメージが重なる。

初代は第二次世界大戦後、進駐軍に武術指導をしていたが、相手は格闘技の経験があって圧倒的な体格を誇るアメリカの軍人たちだ。ボクサーの剛拳も相手にしていたであろう。負ければ一瞬で指導役を解かれるわけだが、結果を出したからこそ隊員から尊敬され、海外へ流儀が広がる礎となった。

比類なき剛拳を誇った、剛柔流空手道の開祖・宮城長順先生。

劇画ではラオウとトキの直接対決のシーンがあるが、そこでは両者の拳の性格が全く正反対である様子が描かれている。

トキは身体を病んでいて体力はなく、気力で戦っているように見えるが、その「柔の拳」は「剛の拳」を苦しめる。その戦いはケンシロウの参戦で中断するが、再度対決する際は、トキが秘孔を活用して「剛の拳」で戦う。それは、ラオウに憧れたトキの気持ちとして表現されている。

そこで「剛の拳」を封じる「柔の拳」という話だが、性質の違いがそのまま優劣を決めるものではない。個人的にはトキの思想や技が好みではあるが、大切なのは「柔」の質である。フニャフニャした芯のない柔らかさなら武術としては使えない。動きは柔らかくても、「剛」の技に負けない芯の強さが必要であり、たとえるなら鋼のような性質である。

結局のところ、意識や身体の使い方次第で、「剛」・「柔」いずれの技も使いこなせるのが目指すべき方向だろう。

相手を操る秘孔はあるのか

「北斗の拳」では、しばしば相手を自在に操る秘孔が登場する。その一例として「明見《めいけん》」と称される秘孔があり、ここを攻撃された相手は両腕が広がり、自分の持っていた武器で自滅する。

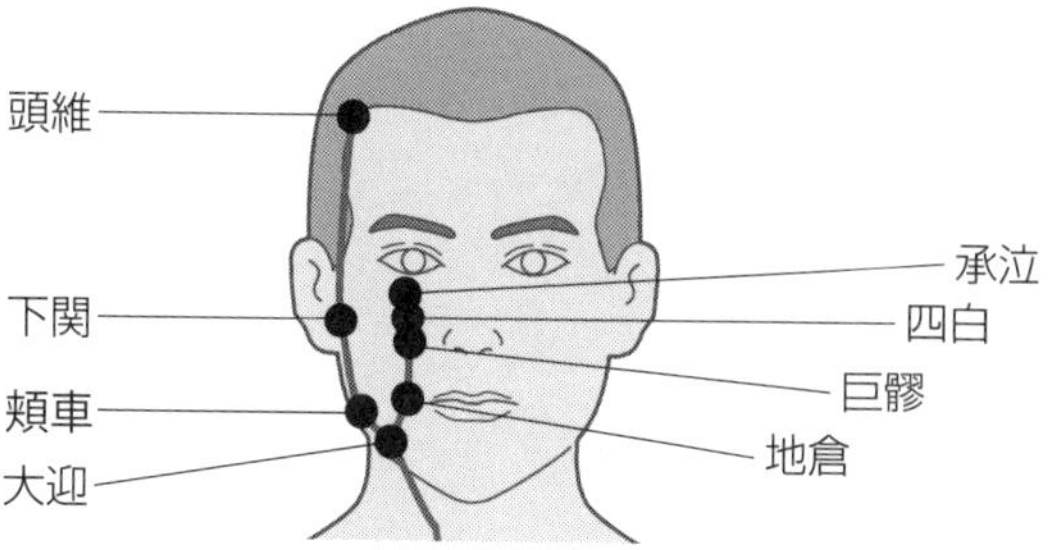

「頬車」は胃経の経穴であり、「鬼林」という異名を持つ。整体術では歯痛緩和などの効果があるツボだ。

劇画で登場する秘孔は、実在する経穴名をそのまま使っているケースもあるが、創作された名称が多いようだ。

東洋医学の経穴名は、その作用や場所を示していることが多い。しかし、急所名となると、あえてそこをぼかすためか、別名になることが多くなる。つまり同じ箇所でも、経穴名と急所名では異なることがあるのだ。例えば、「水月」は急所名であり、経穴名では資料によって二つの説があり、「巨闕」か「鳩尾」である。

そこで前出の「明見」について調べてみた。攻撃箇所が頭部であることと、名称から視力に関係する経穴の異名か、あるいはその能力を奪う秘孔かと思い調べたが、見当たらない。

また、経穴でも異名が存在するケースがある。その例として「頬車《きょうしゃ》」がある。下顎関節の下方にあり、そ

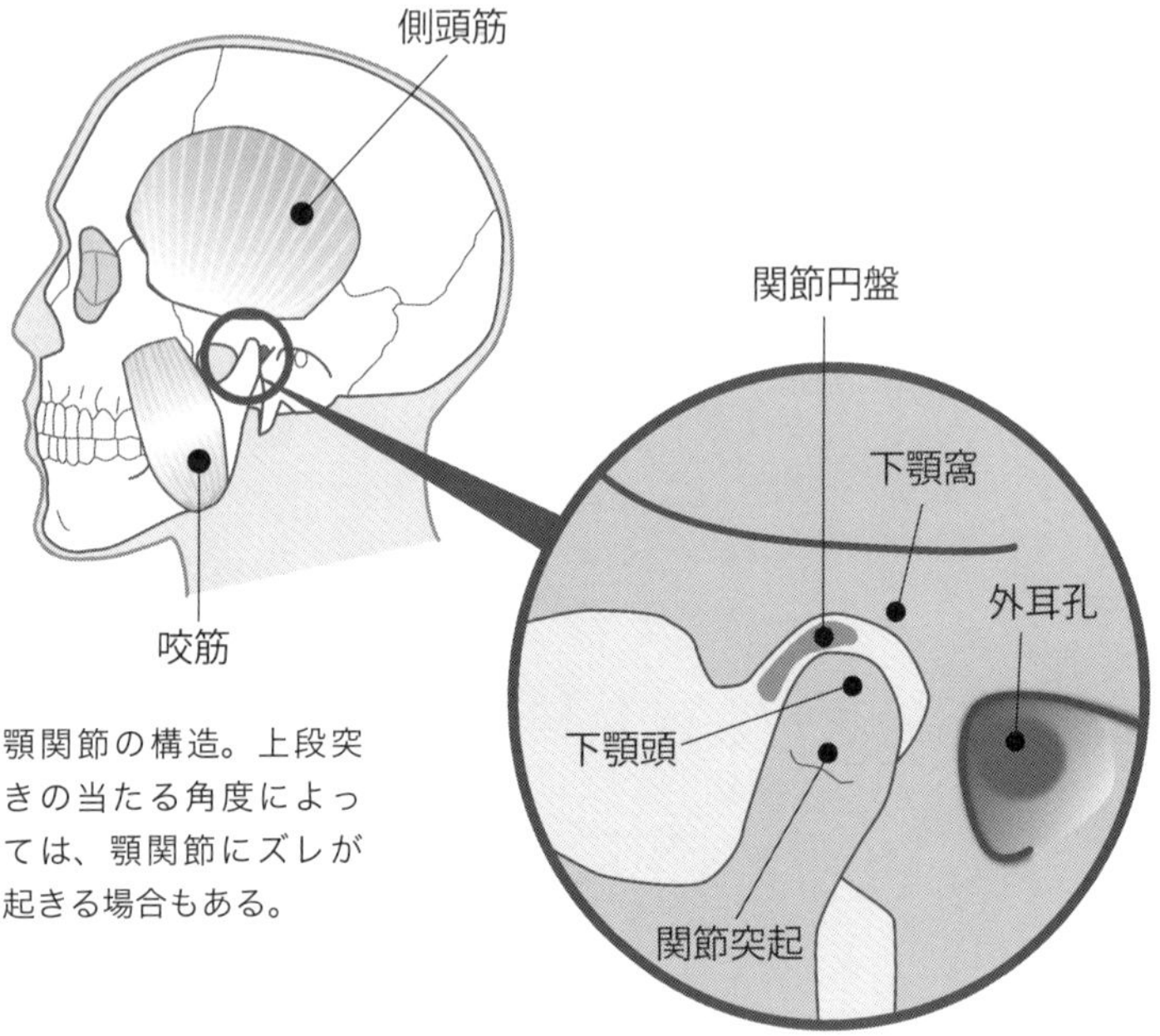

顎関節の構造。上段突きの当たる角度によっては、顎関節にズレが起きる場合もある。

の付近のトラブルや口腔内の問題に対応する経穴だ。この経穴の異名の中に「鬼《き》林《りん》」がある。いかにも「北斗の拳」に出てきそうなネーミングといえよう。

この「頬車」に強烈な攻撃を受けた場合、角度にもよるが、顎関節のズレが生じる可能性がある。稽古で強烈な上段突きをもらって、口が開かなくなるケースがあった。幸い顎関節そのものは壊れていなかったので、整体術の応用で対応し、口の開きは戻った。

もちろん状況次第では病院での治療が必要なので、見極めが重要だ。

その視点から、「明見」は仮に存在したとしても、動作が制限されるぐらいの効果はあるかもしれない。そうすると、急所の分類では「麻穴」になり、上肢の動きを意のままにコントロールするまではできない。そのため、自由に相手の動きを操る秘孔は、劇画の中のロマンとして理解したい。

秘孔の位置が普通と逆のケース

「北斗神拳」と並立する拳法「南斗聖拳」で最強とされているサウザーは、拳王ことラオウが一時的に勢力を失ったタイミングで覇権を握るべく登場する。「南斗鳳凰拳」の使い手だ。

最初、サウザーに「北斗神拳」は通用せず、ケンシロウは敗北する。敗因は秘孔の効果が得られなかったことだ。ラオウはその秘密を知らなかったが、トキは知っている。秘孔が効かなかった理由は、サウザーは普通の人と秘孔の位置が逆だったのだ。

劇画で心臓の位置が逆だということを、ケンシロウは戦いの中で見つけ出している。これは内臓逆位と呼ばれ、現実に存在する。鏡に映したように左右反対になっている状態だ。

その場合、秘孔の位置はどうなるだろうか。劇画では表裏逆になっているとされる。東洋医学では、背中側が表、正面が裏となる。一般の感覚では顔が正面を向いている関係で、背中が裏のようだが、そうではない。

ただ、現実に内臓逆位の人の秘孔が表裏逆なのかは不明だ。経絡は、血管や神経のように実在の組織ではない。東洋医学では臓腑も同様で、機能を前提に想定されている。

そして各経絡は、実在の臓腑とは別に左右同じように走行しているので、秘孔の位置が正面と背中で入れ替わっているという設定には疑問が生じる。

背中においては、脊椎やその左右に経絡が走行しており、経穴の位置は椎骨を起点として特定される。胸部・腹部側には脊椎がないので、表裏逆になった場合、経穴の位置がどうなるかが不明だ。劇画でサウザーが、秘孔位置が表裏逆なら正確な場所はわからないだろうと言うのは、そういうことかもしれない。

第3章

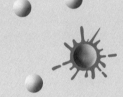

「活」の秘孔に迫る

人を救う魔法の1穴

整体の臨床現場では「すぐに痛みを取ってほしい」「動ける体になりたい」といった、クライアントの切実な声を聞く。そのような時は、トキやケンシロウのようなことができればと思う。「魔法の1穴」を求めるわけだ。

臨床では、マニュアル的な対応だけでは効果が出ない。別の要素が必要だ。トキやケンシロウが活法として秘孔を押す時、独特の身体操作・身体意識・身体感覚の存在に気付く。それは体内に深く指を突き刺す武術的な技術であり、時として優しく触れるくらいで効果を出すシーンで描かれている。

トキがラオウと戦う際、自分に残されたパワーを使い切るために自身で「刹活孔《せっかつこう》」を突いて臨むシーンがある。そこでは大腿部の内側が窪むくらいの跡がついている。また、死にかけたレイを少しだけ延命できるという「心霊台《しんれいだい》」へは、トキの指が第二関節まで入り込んでいる。

現実にそのような感じで刺激をすれば、「活」というより「殺」の技になるだろう。劇画では魔法の1穴として限定的でも体調好転が図れているが、こういう秘孔は現実に存在しない。

優しい触れ方については、実際に指が相手の体内に入っていくことはないものの、受け手がそう感じることはある。その際、力みはマイナスに作用する。その際の「同化の意識」には感性や全身の身体操作などが必要であり、マニュアル的にはできない。

「殺」の視点から秘孔の効果を述べるのは、現実に照らし合わせると限界がある。しかし、「活」の立場からはリアルな話もできるし、実践も可能だ。

言葉を失ったリンに対して

「北斗神拳」の特徴である秘孔が初めて登場するのは、ケンシロウがリンに活法として施す場面である。言葉を失ったリンに対してだが、すぐに結果が出たわけではない。ケンシロウは、後は本人の問題としている。

たしかに、病気や事故で歩けなくなった人が、身体は回復したけど歩けるかどうかは本人の意思次第、という話を耳にする。人の心と体調の関係を表しているようだ。

ただ、リンに施した秘孔名は登場しない。ケンシロウは穏やかな優しい雰囲気で行ない、その様子を見ていたバットにおまじないと説明している。

ケンシロウはその秘孔にアプローチする時、牢から手を伸ばしてリンの首に回し、静かに何かやっている。その様子から指で秘孔を押していることはわかるが、どの秘孔かは不明だ。もっとも、秘孔の名称については創作がほとんどなので、仮に記されていても実際に存在しないかもしれない。

だが、このシーンに当てはまる実在の秘孔がある。それは「瘂門《あもん》」だ。「瘂門」は言語障害に効果的で、発音に関係する舌の状態を改善する。そこから「舌横《ぜつおう》」という別名もある。

その場所は、頸部と後頭骨の際の交点付近の陥没部である。頭部に近いため、頭痛にも効果的とされている。「活」の際には強圧は不可で、相手が不快感を感じないくらいの刺激が求められる。

劇画では1回のみの施術で好転したことになるが、そこではケンシロウが言ったように、リンの心の叫びが、失っていた言葉を蘇らせた。

物語の最初のほうで、まだ「北斗神拳」の全貌が見えない段階だけに、このシーンが持つ意味をどれだけの人が理解しただろう。筆者自身、リアルタイムで読んでいた時には、あまり気に留めてなかったように思う。しかし何回も読み返すと、「活」にも「殺」にも

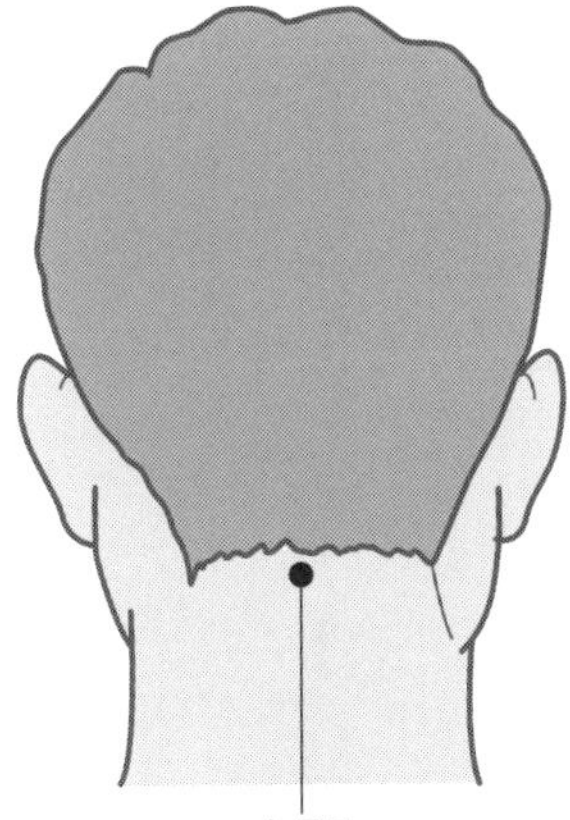

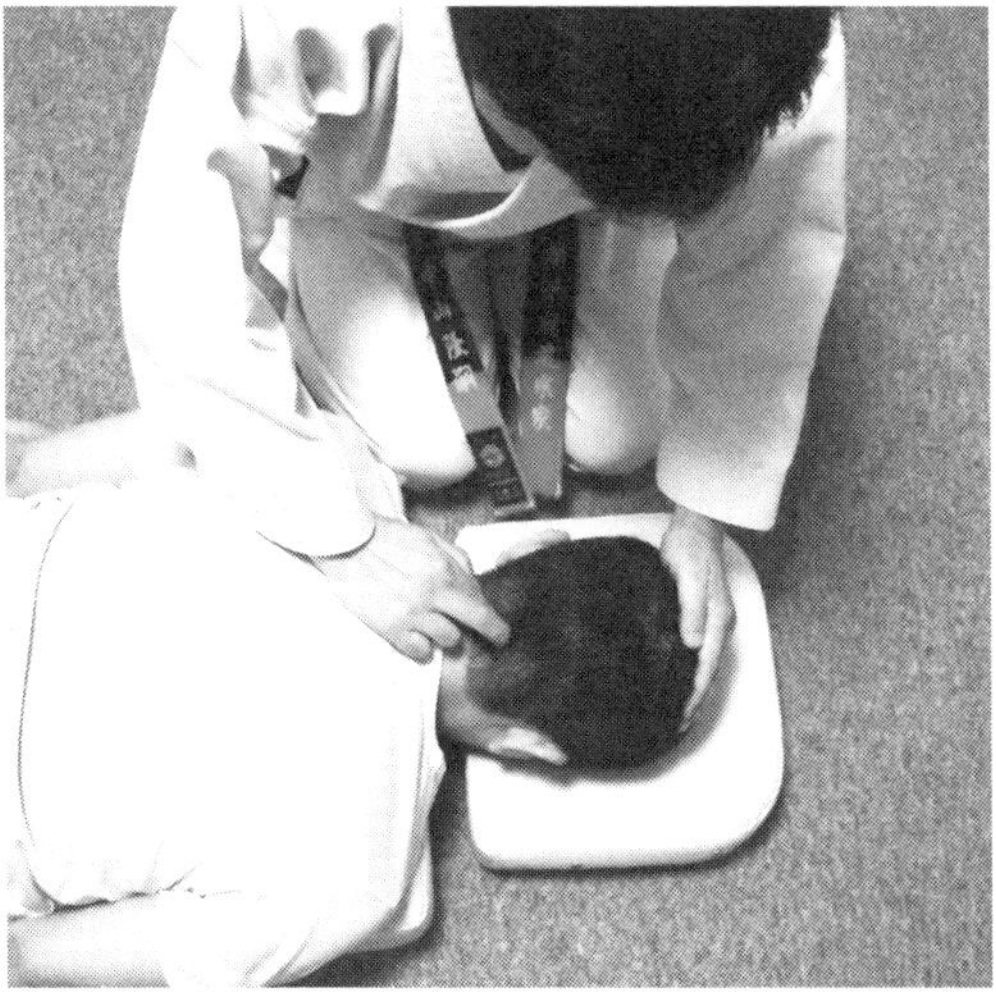

活法として経穴「瘂門」に施術している様子。押圧時、やや下方を意識する。逆に、殺法として用いる場合は上方を意識する。

関係ある重要な要素が見えてきた。

本編中で、現実にある秘孔の効果を見て取れる箇所は数えるほどしかないが、ここは貴重なワンシーンと言える。

失明したアイリが光を取り戻す

「北斗神拳」を医術として役立てたい、と考えるトキの心情は物語の随所に表れている。それに対してケンシロウは戦いの日々を送っている印象がある。戦争で世の中が荒廃し、生きるために物を奪い合い、暴力が支配する世界では、戦わなければならない場面が起こり得る。

「活」の目的で使用した秘孔の名称が登場したのは、南斗水鳥拳のレイの妹、アイリの目を治す時に使った秘孔だ。アイリは荒廃した世界に絶望していたが、死ぬこともできなかったため、薬で見えなくしていたのだ。

アイリも生きて兄のレイに会えるとは思っていなかったようで、目を塞いだことを後悔する。そこでケンシロウは、秘孔「建明《けんめい》」を用いて光を取り戻してあげるのだ。

いかにも秘孔を押しているという感じではないが、それでもきちんと作用するというのは、受ける側にとって負担が少ない。

昔の武術の名人・達人の言葉に、「相手と一体になる」とか「自然と一つになる」という表現を見るが、それを実践できるところに意味がある。「活」の用法の場合では当然、この意識が重要だ。

ところで、実在する経穴には「建明」という名前はなく、創作と思われる。しかし、描かれている様子から察すると、親指の位置からは「四白《しはく》」か「承泣《しょうきゅう》」（共に胃経、173頁参照）、中指の位置から「瞳子髎《どうしりょう》」（胆経、179頁参照）付近と考えられる。

本来の経穴名の由来から考えると「四白」の可能性が高い。広々としたという意味を持つ「四」、明るいという意味を持つ「白」を組み合わせた名称だからだ。他の2穴も目の状態の好転に作用するので、ケンシロウが同時にアプローチしているのはそういう意図があるのかもしれない。

ただし、劇画では薬品で見えなくなったとされるが、眼球そのものにダメージを負うよ

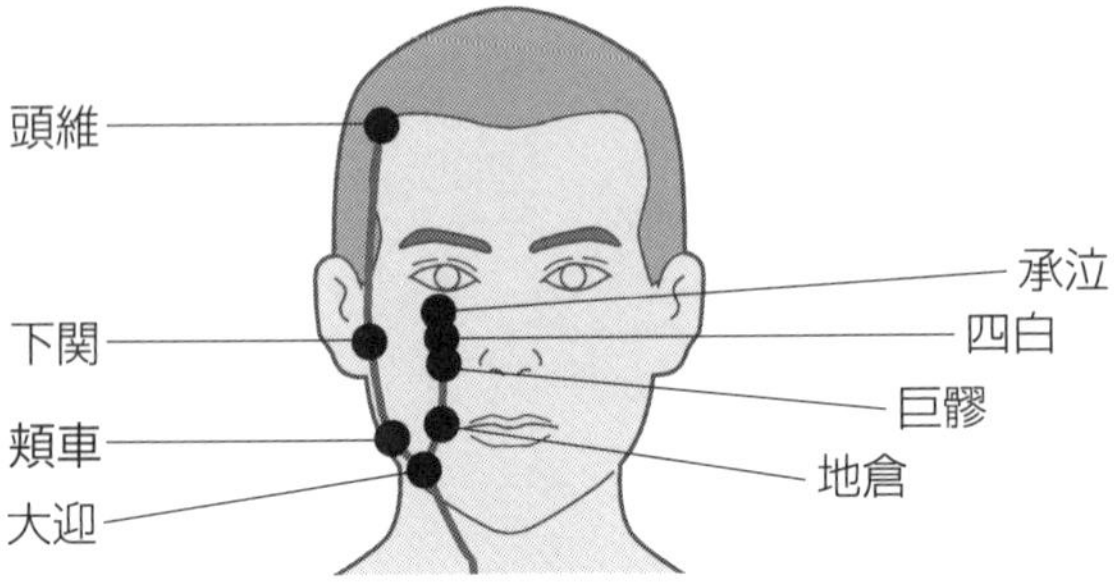

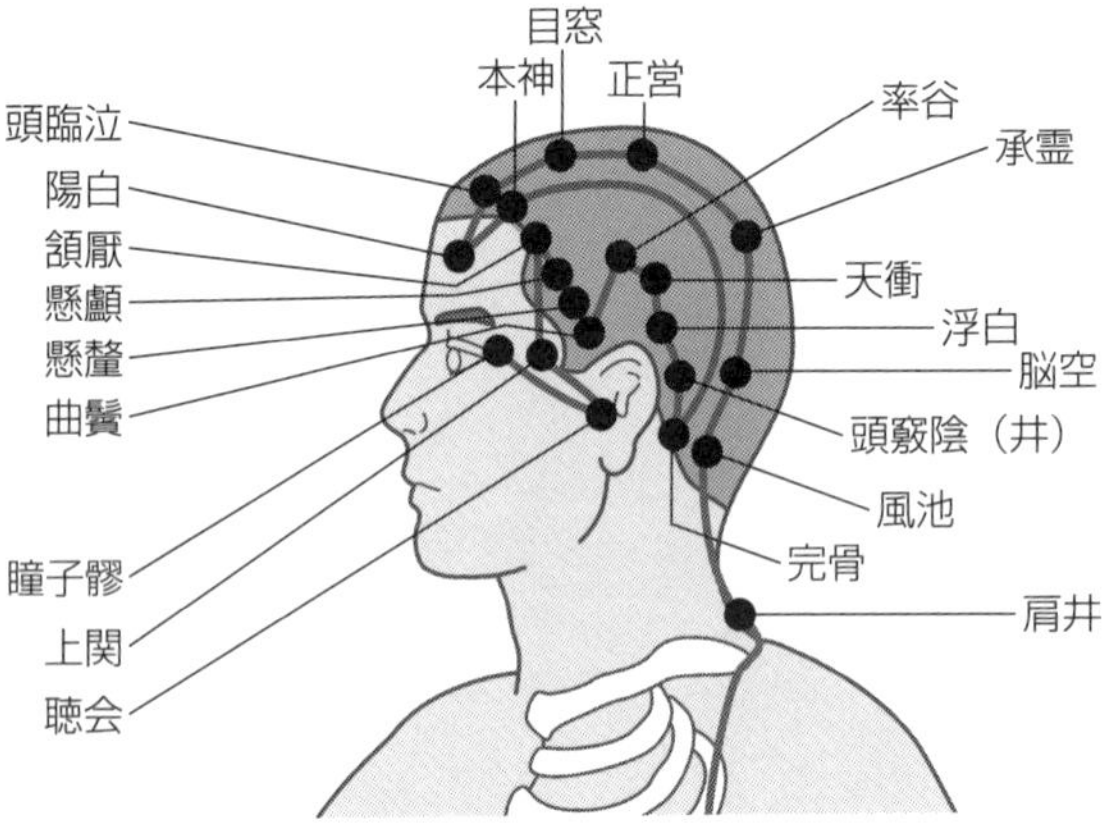

「四白」「承泣」は胃経の経穴（上図）、「瞳子髎」は胆経の経穴（下図）である。３穴とも目の機能改善に効果的だが、眼球のそばなので指を清潔にして優しい圧で行なう。

うな器質的なことが原因の場合、経穴は無効だ。残念ながら、これは劇画の中だけのこととなってしまう。

延命の秘孔は活法の憧れ

古来より不老不死は人間の憧れであり、時の権力者は特にそれを欲していたという。死への恐怖を克服し、現在・未来を謳歌したいのであろう。それは筆者も例外ではなく、時間があればやりたいことはたくさんあるので、命が長らえたらそれに費やしたい。

「北斗の拳」には延命の秘孔が登場するが、それは悲しい場面から始まる。レイが秘孔「新血愁」を突かれ、余命3日と宣せられる。そのレイがマミヤのために再び戦いに赴く時、トキから少しだけ延命できる秘孔があると聞く。ただし、とてつもない激痛を伴うという。そしてレイはマミヤへの愛のため、その心を壊したユダを倒すべく、激痛と引き換えにわずかな延命を選択した。トキが秘孔「心霊台」を突いた結果、レイは白髪となった。い

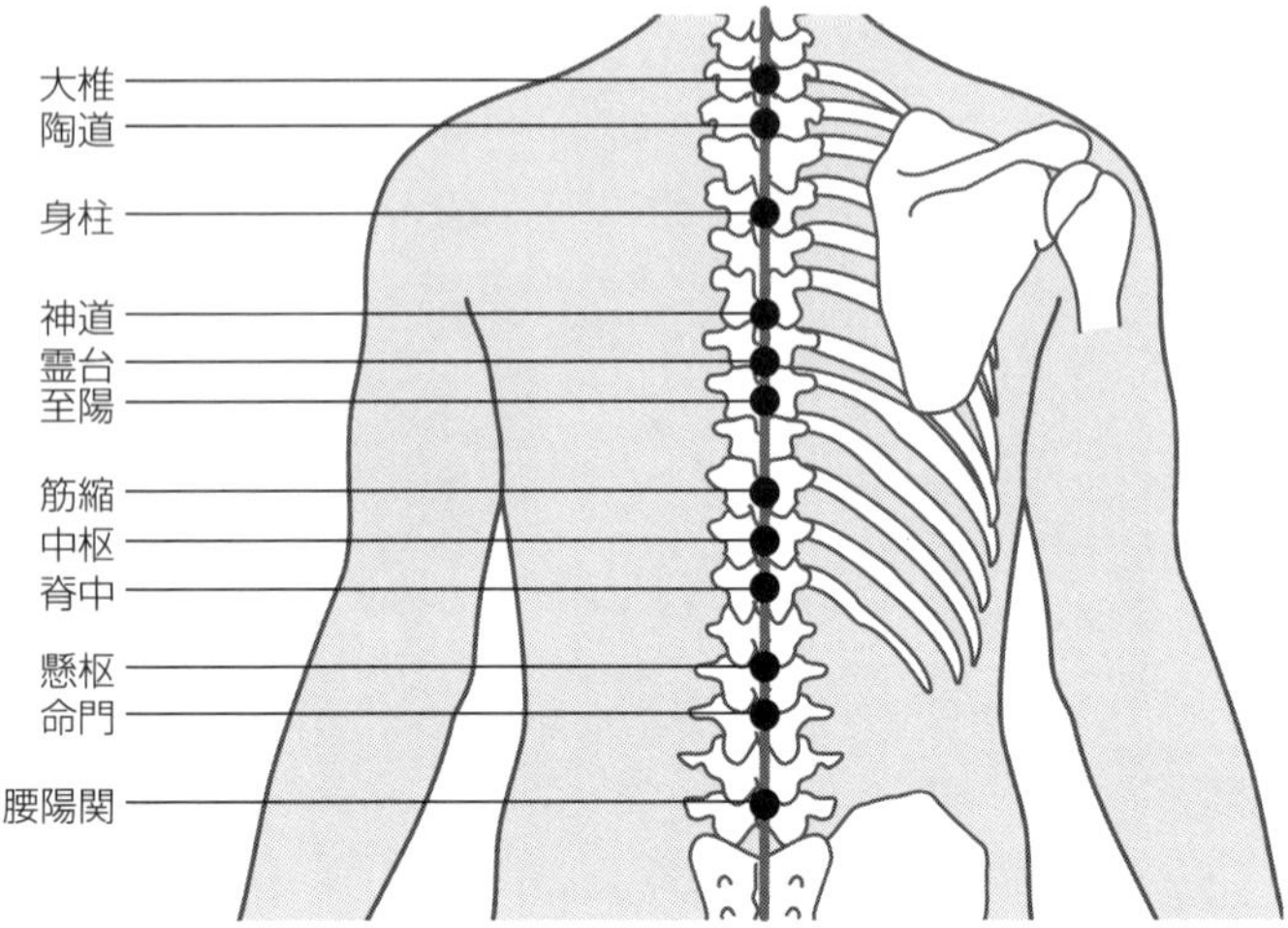

「霊台」は督脈上にある。背骨の椎骨の間にある経穴なので、整体術では強圧を避ける。

かなる激痛だったことか。

その秘孔について考える時、「督脈《とくみゃく》」上に「霊台《れいだい》」という経穴は実在する。胸椎6番と7番の間だが、劇画でもその付近になっている。ただ、わずかに右に逸れているようにも見え、それで違う名前なのかもしれない。

ちなみに「霊台」の場合、脊椎の部位に走行している「督脈」上の経絡なので、そこに指の第2関節まで入れることはできない。脊椎を損傷させてしまうからだ。また、脊椎の際を走行する「膀胱経」には「心霊台」という経穴はない。

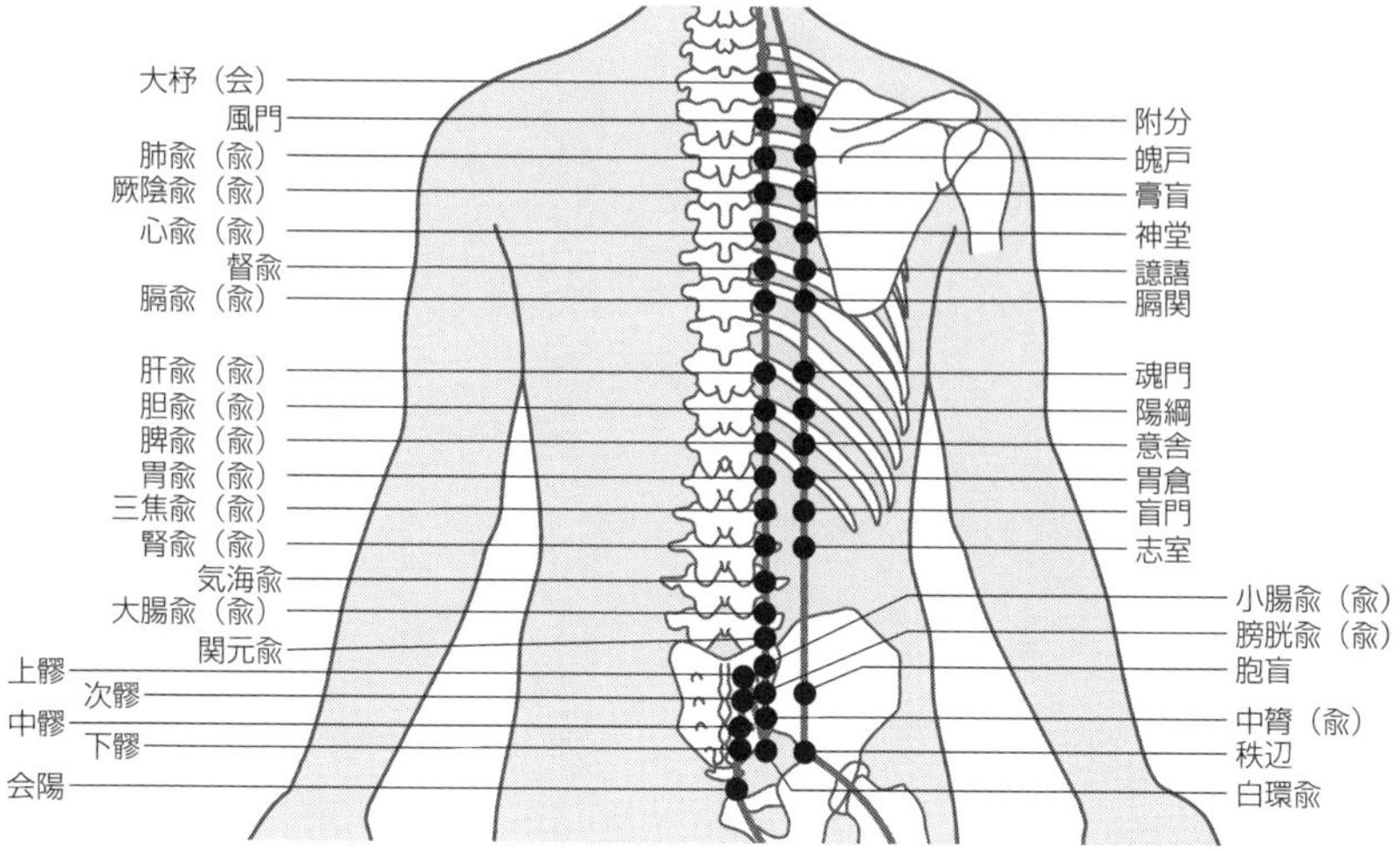

膀胱経は、背部に左右２本ずつ走行しているが、「心霊台」という経穴は見当たらない。ただ、膀胱経の背内線にある「厥陰兪」や「心兪」といった経穴は、循環器系の働きに関係する。

トキが「心霊台」を突いた時、レイの身体は激しく反応し、脈管系が浮き出ている様子から、循環器系に作用する秘孔のように見える。実在する「霊台」は喘息などの呼吸器系のトラブルに有効とされ、他にも肋間神経痛や胸痛にも効果的とされている。

こういうところから、あえて延命につなげるなら、実存する「霊台」と「北斗神拳」でいう「心霊台」が重なりそうだと想像する。

東洋医学では、経絡の始まりは呼吸を司る「肺経」からになっており、東洋医学では肺呼吸の始まりから人と考える。また、日常語では命の終焉を「息を引き取る」という。それだけ呼吸は生命に大きく関与しているわけである。だからといってこの経穴が延命に効果ありということではないが、劇画の設定としては秀逸だ。

自分自身の秘孔を突く効果

劇画「北斗の拳」の中に自身の秘孔を突き、その効果を得るシーンがいくつかある。ケンシロウは、「元斗皇拳」の使い手、ファルコとの戦いで行なった。片足が義足のファルコと対等に戦うため、あえて自身の足の動きを封じる目的で、「上血海《じょうけっかい》」を突いた。

これに似た名称で実在する経穴には、急所としても作用する「血海《けっかい》」がある。ここも下段回し蹴りのターゲットとして有効で、経絡で言えば脾経に属する。脾経は下肢の前面、内側を通り（174頁参照）、「血海」は膝蓋骨の内側の上の縁から親指2本分のところに位置する。

しかし、劇画では「血海」と位置的に対称となる「梁丘《りょうきゅう》」付近を突いている。別名で調べても「上血海」という表現はないので、創作された秘孔のようだ。「梁丘」は、膝の屈伸ができないなどの脚のトラブルに効果的なため、急所として強打すれば、逆に下肢の自由を奪える。ということは、名称は創作でも、効果は期待できる。

また、カイオウと戦ったケンシロウが毒ガスを吸った場面では、解毒のために秘孔「安蕎孔《あんばくこう》」を突き、毒素に対抗する能力を高めた。

この時は指が体内に深く入ることはなく、表面を突いている。「北斗の拳」の登場人物が自ら秘孔を突くシーンでは、この一例を除いて身体を貫いている。現実に行なう刺激としては「安蕎孔」への方法が近い。

劇画では自ら秘孔を突く場合、自身

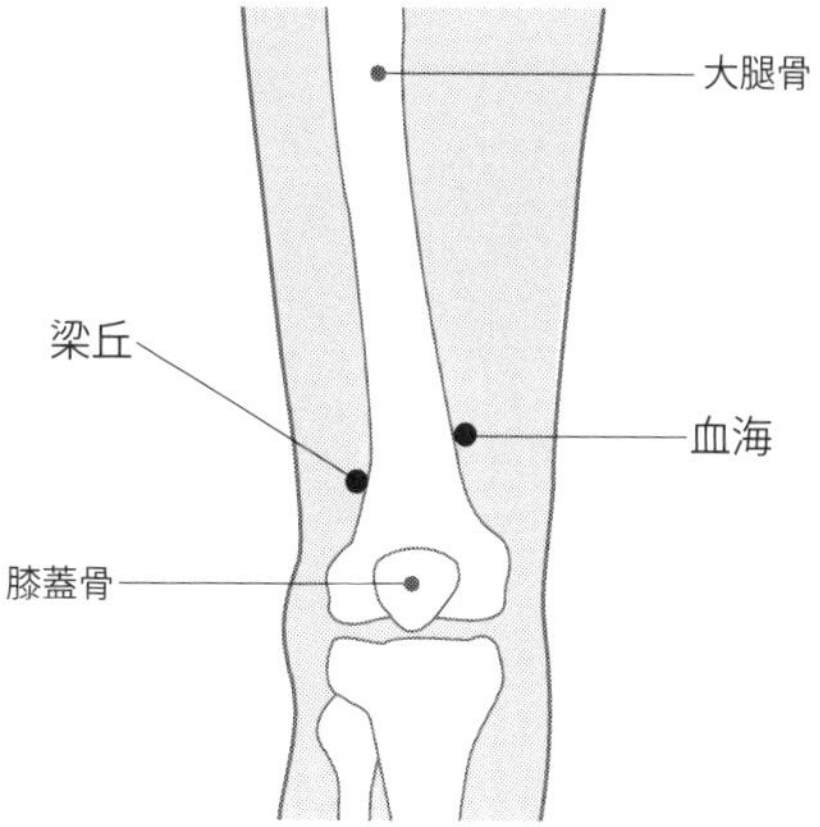

「血海」と「梁丘」の位置（右脚を正面から見た図）。「血海」は足の機能に関係する経穴だが、しゃっくりを止める経穴としても活用される。

の能力の極大化が目的であり、前述の一場面だけ自らの動きを制限するために用いている。自身に圧をかける場合、同じ自分の身体に、リラックスした部分と秘孔を突くために緊張するところが生じ、身体の使い方の素養がなければ、せいぜい筋肉に作用させるくらいになる。また、背中などは自分ではアプローチしにくいだろう。

活力アップに有効な秘孔

全編を通して再読した際、活力を得るための秘孔が登場するシーンを何箇所か見た。それはパワーアップであったり、延命という形ではあるが、そこには活力という力が源泉になる。そういう秘孔があるなら、ぜひとも知りたいし使ってみたいだろう。

その場合、腎経（177頁参照）の経穴（秘孔）が効果的だ。名称からは腎臓をイメージしがちだが、東洋医学でいう臓腑と実在の臓腑とでは働きが異なる場合があり、腎もその一つになる。

東洋医学でいう腎は、生命力・活力の源泉になる「精」を貯蔵する場所だ。だからこそ、人の死は腎から生命エネルギーとされる「精」が消失することと考えられ、元気になるための食事では「『精』をつける」と表現される。

そのような働きから、あえて実在の臓腑を当てはめるなら、副腎が相当する。副腎からは、一般的にステロイドといわれる副腎皮質ホルモンが分泌される。薬剤として使用する場合は副作用が心配だが、自身の臓腑から分泌され、適切に使用されれば効果的だ。

活力アップとして劇画に登場した「刹活孔」は、大腿部の内側に位置しているが、複数の痕があるのでどれかはわからない。この位置を走行する経絡は3本あるが、あえて言えば肝経（180頁参照）のように見える。

実際の経絡では腎経が相当するので、描かれている場所は創作上の設定だろう。ただ、腎経を刺激しても、副腎皮質ホルモンが過剰に分泌されて、すごく元気になるわけではない。分泌量が少ない場合に、適正なところまで引き上げるということである。

腎経の経穴の具体例には、「湧泉《ゆうせん》」「太谿《たいけい》」などがある。「湧泉」は、生命力が泉のごとく湧き出るところという意味だ。「太谿」は、腎経の原穴となる。原穴は関係する臓腑の診断点となり、その経絡全般の好転を図る。

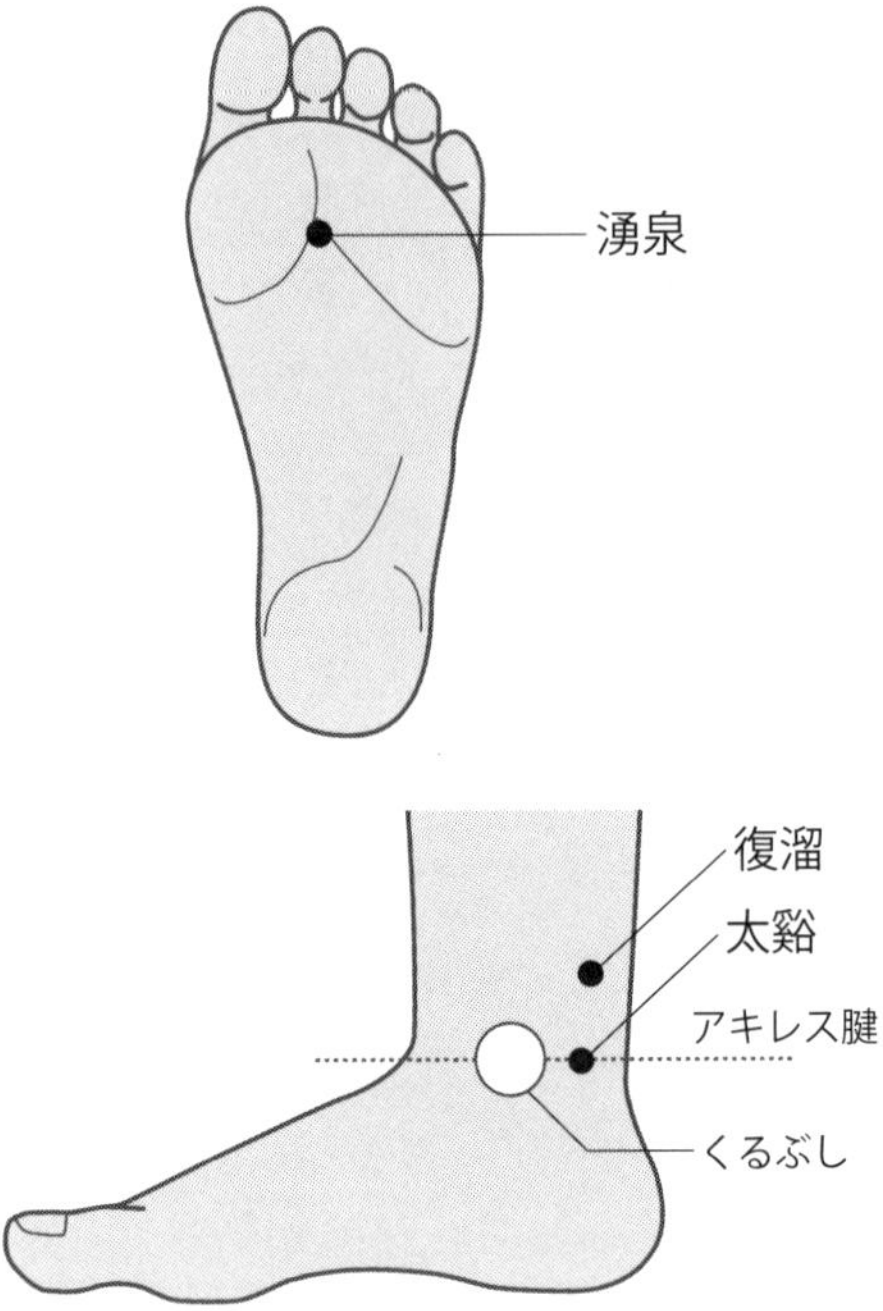

「湧泉」と「太谿」は腎経にある経穴だ。腎経は、生命エネルギーの向上に有効な経絡といえる。

第4章

現実の空手と北斗神拳

本来の空手は総合武術

「北斗神拳」は空手の流派ではない。創作の世界だからという意味ではない。陰陽などの思想的なところから中国拳法のジャンルといえそうだ。

ただ、空手道も中国拳法の影響を多大に受けているので、無縁というわけではない。空手道史に残るような名人・達人の中にも中国に渡り、拳法を学んだという記録はいろいろあり、沖縄に渡来した拳法家から教えを受けたという話もある。筆者自身は空手家であり、そういうことを念頭に置いて考えると、空手道の視点から「北斗神拳」を眺め、リアルな体系から考察したり、あるいはそこで感じたロマンを少しでも現実化するための方策が見出せるはずだ。

もっとも、現在の空手界の状況を見ると、試合を念頭に置き、定まったルールの中での優劣を第三者が判定する。しかし本来の武術としては、勝敗が命に関わることを認識しなくてはならない。しかし現代社会においては、一瞬に人生のすべてを賭ける、とはどのような心境なのか、現実のものとして語れる人は少ない。

しかし、人間には想像力がある。先人が残したものを紐解き、そこにリアルな戦いをイメージして重ねれば、武術を磨く動機付けにできる。

そういう時、「北斗の拳」のような劇画は誇張の部分はあっても想像力を逞しくしてくれ、抽象的でわかりにくい昔の名人・達人が経験したかもしれない実戦のシーンを彷彿とさせてくれる。

空手道でも時として武器を使うが、ここでは素手・素足で戦うシーンを想定する。効果的な戦いでは、相手の弱いところを攻めるのは定石だ。だからこそ武術家は人体の仕組みを理解しておく必要がある。

劇画では拳法という設定から打突系の技が多いが、ケンシロウが関節技を使うシーンもある。空手道も本来は総合武術であるから、打突系だけでなく、関節技も必要だ。

「北斗神拳」の場合、秘孔を活用するところが特徴的だが、空手道の試合では秘孔の活用は要求されない。しかし、武術として空手道を追求するにはその活用まで意識することが大切になる。

ただし、筆者は試合の否定論者ではない。ルールの中で戦うことは、技を特化して磨けるし、そこで身につけるべき感覚もある。その中に「見えない技」、つまり間合いやタイミングの取り方などがある。また、本当の実戦とは異なるが、ある程度の胆力も養成できる。ただ、試合を目標にしていては武術としての空手道には到達できないし、「北斗の拳」で熱くなった心は満たせないだろう。

武術家のベース、武術体を「形」で練る

「北斗神拳」の修行の様子を描いた箇所は少ないが、垣間見る様子からは空手道でいう組手を通して学ぶイメージだ。設定として基礎的な修行の部分がどうなっているか不明だが、ケンシロウ、ラオウ、トキの子供の頃の様子からはそう見える。

たしかに、武術は戦いの中から生まれており、先人の幾多の実戦経験の中から効果的な武技を創出している。そこでは単なる体技としてだけでなく、その奥に潜む身体意識・身体感覚などにも言及し、かつ肉体的な範疇だけでなく精神的な段階まで深い教えを残している。

しかし、武術の第一義は戦いの体系だ。その部分が無くてはその上位概念も存在しない。そしてその過程では人体の仕組みを知り、効果的な戦いの基礎知識とする。競技では必要ないことだが、武術として修行する場合は必須となり、そこから武技の意味が理解できる場合もある。

ここでは「北斗神拳」に近い技を身につけるには、現実の武術でどうすれば良いか、考察していく。まずは具体的な方法論として「形」に注目したい。

武術の理想は小が大を倒すことであり、そこにロマンを感じて修行するものと理解している。その工夫の集大成が武術の体系である。

道場に入門したばかりの人の場合、見た目として筋骨隆々であっても、突きや蹴りではせっかくの筋力が活かされていない現実を散見する。その理由は、身体の中心軸が形成されていないとか、身体の使い方に合理性がない、武技に必要な筋力の使い方が不十分といったことが考えられる。

だから、武術修行の過程で基本や「形」を意識することが要求され、フォームや身体操作、武術に必要な身体作りを行なう。また、「形」には武技の伝承という目的もあり、繰り返し同じ動作を行ない、身体に武の理を染み込ませていく。

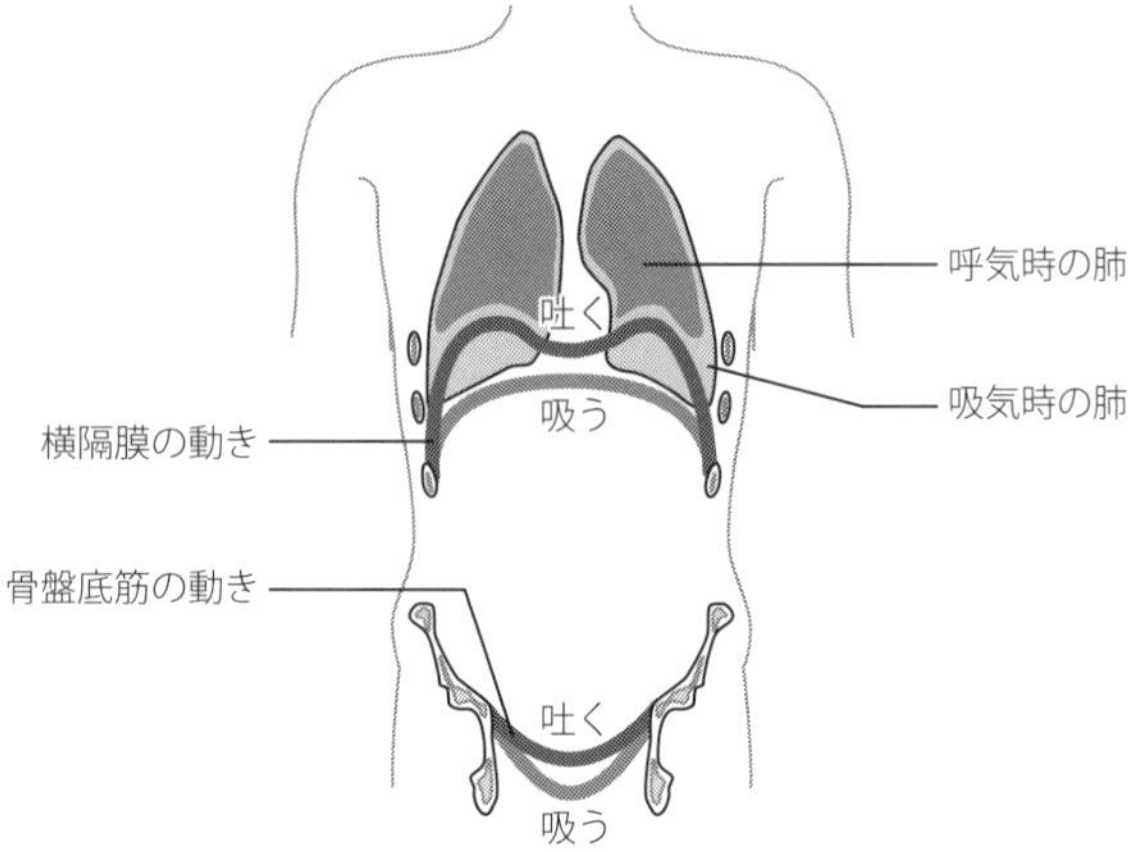

空手道の形「三戦」では下肢から絞り上げるようにして、横隔膜と骨盤底筋、骨盤を意識的に動かす呼吸法を行ない、「ハラ」を作る。

「形」の中には最初、踊りのように見える動きもあるが、武術として練っていくことで質感が変化していく。それが見えるかどうかも武術家としての力量であり、極端な場合、立ち姿だけでも実力が見えることがある。

これは、その人の持つ「気」にも関係するが、現実の姿勢も関係する。中心軸が整っておらず崩れた身体であれば、たとえ技が当たっても自身のバランスが崩れ、十分な効果は得られない。

武術体を作る時、空手道の場合、鍛錬形が効果的だ。有名なところでは那覇手系の「三戦《サンチン》」、首里手系の「ナイファンチ」になる。「三戦」は呼吸法を重視し、絞り上げるようにして下肢を動かし、第二横隔膜ともいわれる骨盤底筋と連動して本来の横隔膜まで作用させる。

武術での「ハラ」は下腹部を意識するが、実態としては前述のような身体操作となる。それが中心軸を含め、必要な筋肉の使い方も包含して武術に必要な身体作りとなる。

「北斗神拳」のような技を目指すにも、実際はこのような地味なところから練り上げていくことになるだろう。

正確な技のコントロールで秘孔に作用

技を効かせるためには、まずきちんとヒットさせなければならない。自分の技を当てることは、空手では組手稽古で養う。

実際に当てる組手ルールには、フルコンタクトルールや筆者が所属する千唐流で採用している防具付きルールがある。

もう一つ、オリンピックで採用されたノンコンタクトルールもあるが、基本的にはコントロールして強打しないことになっている。ただ、現実には多少当たってもそれが勝因になることもあるし、ルールでは当てないとしても、スピードや間合いの切り方など戦いに必要な要素が存在する。

筆者の場合、試合も稽古法の一つという理解だ。どのスタイルでも良いので経験し、その上位概念として武術を見直すことが大切と考えている。

ケンシロウたちの幼い頃の修行の様子を描いているシーンでは、互いの身体に秘孔の位置を記した上で組手の稽古をしている。動いている相手に正確な技をコントロールする工夫だろう。

以前、DVDの中で、相手の上段突きに貫手を合わせた様子を撮った。受けは行なわず、体捌きだけで突きを躱し、「秘中」を狙った。

撮影なので強く当てすぎないようにしながら接触するのは難しかった。終わった時、喉を確認するとほんのわずかに赤くなっていたが、指先で感じた時に瞬間的に引いたのでダメージはなかったようだ。

これを行なったのは「北斗の拳」の影響かもしれないが、「活殺自在」の要件としても必要だと理解していた。正確無比な技のコントロール力も備えてこそ、「北斗神拳」に近づけるのではないだろうか。

秘孔「秘中」を貫手で突く、北斗神拳のような技。

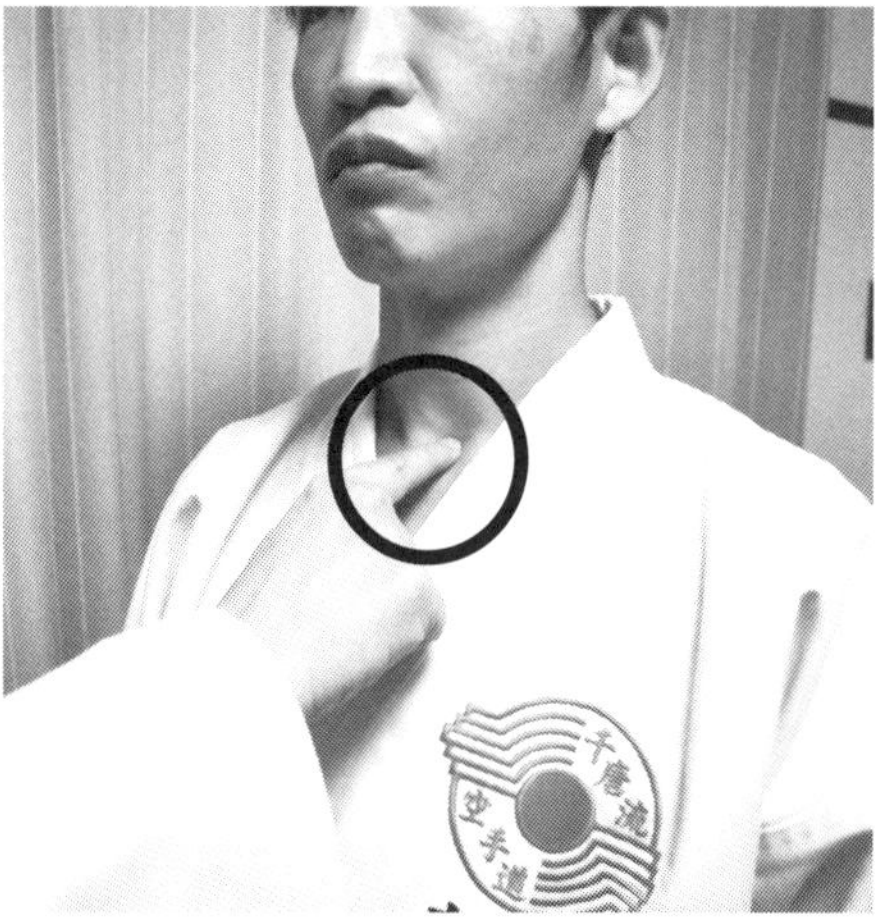

秘孔「秘中」の位置。

秘孔への圧のベクトル

空手道の稽古で秘孔に接触した際、他の部位と異なる激痛を感じることがある。手の甲にある経穴「合谷《ごうこく》」は、柔術系の技でよく用いられる部分なのでご存じの方も多いだろう。ただ、筆者の整体術講座に参加していた大東流の師範も、なぜ柔術でそこを圧すると効果的なのかはご存じではなかった。

「合谷」の部位は、手の親指を閉じた時に最も盛り上がる部分を取るとされる。また、活法の資料では、圧の方向がその部位の筋肉に作用するように、となっているケースがある。だが、武技ではその意識で「合谷」を秘孔として用いても用を成さず、圧のベクトルは第二中手骨方向になる。

そして「同化の意識」で力みをなくし、より深く浸透させる。力が入っていないように見えることもあるが、そのほうが奥に入り効く。受け役の感想と周りで見ている人の印象にギャップがあるが、そういう光景は柔術家なら経験があるはずだ。

そして、食い込んだ指を動かすことでさらに効果アップを狙う。動かす方向は、経絡の走行と「気」の流れに関係する。「合谷」は大腸経（172頁参照）に属し、「気」は指先から体幹部方向に流れる。したがって、手首方向であれば「順」、指先方向であれば「逆」になる。

この意識は東洋医学の「補」「瀉」と重なり、垂直に押す場合に比べて「気」の流れに

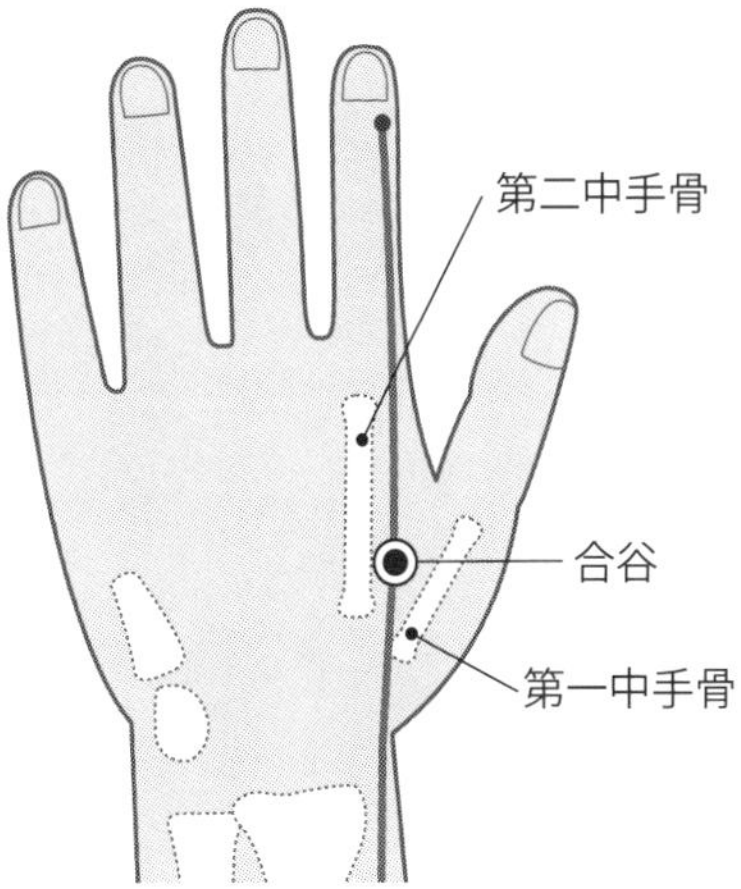

「合谷」は大腸経の原穴。整体術では、整腸だけでなく歯痛や肩コリにも効果的。

殺法として「合谷」を圧する場合、第二中手骨方向に行なうと強い痛みを与えられる。

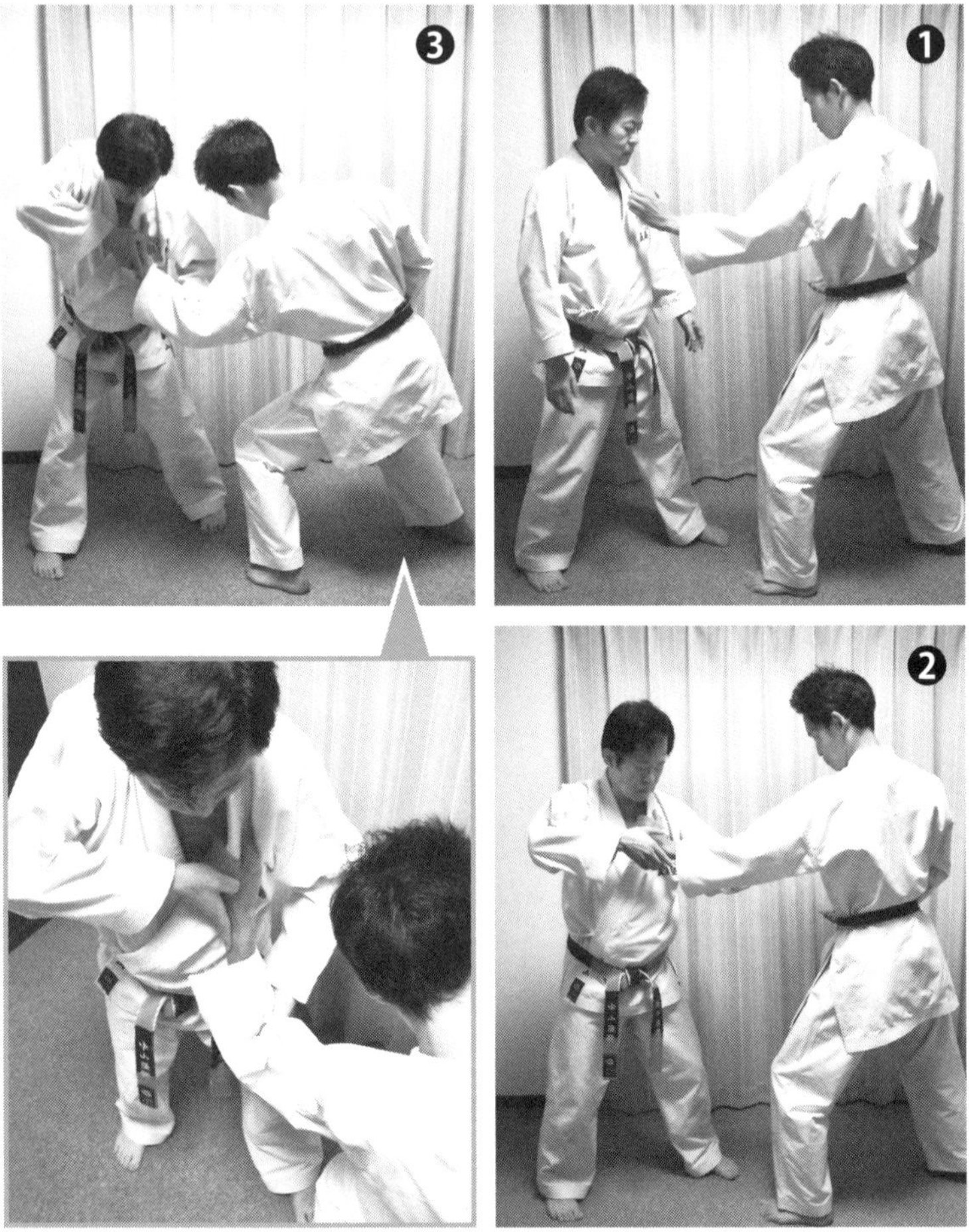

秘孔「合谷」を武技に活用した例。❶相手が胸ぐらを掴んでくる。❷掴んできた手の「合谷」を親指で押さえ、❸手の中心に向かって鋭く圧をかける。親指以外の４指で、手の小指側を包むように持っている。

作用させる。その使い分けは経絡が関係する臓腑の状態に連動し、観察眼が必要だ。「活」の場なら問診や触診などからも判断できるが、戦いの場ではできないので難しくなる。

基本・形・組手で武術を磨く

ケンシロウのような無敵の技を持っていれば、生死を賭けた戦いも制し、絶対的強さを得られるかもしれない。しかし現実的には無理がある。それでも試合の結果以外で強さを求めるとしたら、昨日の自分よりも強くなった、という感覚だろう。

その実感は、基本・形・組手を繰り返す、稽古プロセスで感じられる。できなかったことができるようになると、強くなったことを実感できる。強さは他と比較することではなく、自身との戦いに転化し、武術修行が哲学化した状態になる。

古の名人・達人と称される人たちの残した言葉から実感することだが、その入門初期には武術の種別を問わず基本技を学ぶ。この段階を経なければ、当該武術を名乗ることができない。

そして次の段階で、基本技の用法例を学ぶ。そこでは武の理を学ぶため、攻守の内容は決められており、動作の繰り返しで合理的な身体操作の基礎を練る。

最終的には、それらを自由に駆使して互いに戦うという段階になる。柔道では乱取りとなり、空手では組手となる。このようなステップは、順序立てて学び、質的向上を目指すには大変効果的だ。

このようにして、武術は生涯をかけて学ぶ価値がある。筆者も最初は他者との比較で強さを考えていたし、稽古もしていた。だが、人間は加齢により若い時とは条件が違ってくる。

そのようなことは、劇画でも示されている。ラオウが、ケンシロウやトキと共に「北斗神拳」を伝授した師リュウケンと戦う時、あと一歩のところでリュウケンは身体の不調で不覚を取る。どんな達人でも、年齢や病には勝てないことを表わしているのかもしれない。

ならばそれぞれの段階で、求める強さは違うのではないだろうか。それぞれの段階で得るべきものがあると考える。もし迷った時は、武術の至言「極意は基本の中にあり」に立ち返り、じっくりと考えたい。

武器を操るケンシロウと空手家

「北斗神拳」は拳法なので、拳足を駆使するイメージがある。しかし、珍しくケンシロウが武器を手にして戦っているシーンがある。

マミヤが歩いている時、拳王親衛隊の一人シーカーに見つかり、襲われている場面だ。そこにケンシロウが現れて助けるわけだが、シーカーは2本の短棒を使う。ケンシロウは素手による反撃もたやすいはずだが、そこでは相手の短棒を奪い、それで反撃している。

空手道の場合、琉球古武術として各種武器を用いることがあるが、「北斗神拳」に武器術の体系があるのかは不明だ。ケンシロウが戦う相手はいろいろな武器を用いるが、あえて拳足主体という部分を前面に出しているのかもしれない。

実戦はいろいろな状況があり得るので、もし武器があるならそれを用いたほうが有利だろう。そういう時に備えて、武器の使い方も心得ておくことは大切である。使えそうな道具については、その用法を工夫したい。

千唐流空手道では、武器術は古武術として体系化されており、手足の延長として用いる。

琉球古武術で扱う武器の例。徒手武術である空手道と並行して、様々な武器を使った稽古を行なっておくと、身近な道具も武器化しやすい。また、空手道の鍛錬としても有効である（写真は右上が棒、右下はサイ、左上はトンファー）。

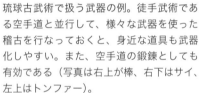

武器を使う前提として、それが手に馴染んでいることが大切だが、自分の拳足と異なるので普段使いでなければ、場合によってはぎこちない動きになるかもしれない。だが、実戦の場では、相手の武器を奪って用いることもあろう。

武器を使用する場合、「弘法筆を選ばず」の実践が必要であり、手に取った瞬間にその特性を感じ取り、あたかもずっと使っている馴染みの道具のように使うのだ。その形状、重心位置、強度などを見極め、最も効果的に使えなければならない。

そこで、身近な道具を武器化する心得だが、いかにも武器という物を常時携帯するわけにはいかない。不審がられずに武器として使える物の例に傘がある。ただ、普通の傘だと強度が不足して難しいかもしれない。

昔は、扇子の形をした鉄扇があり、いざという時の武器としても使えたが、現在はそういう物を持っていることで不審者扱いされるかもしれない。

傘も天気が良ければ不自然だが、日傘もあるので、日用品ということで鉄扇よりはましかもしれない。強度を高めた特注の傘を作ることもできると思うが、その場合、柄の部分と先端が大切で、中棒を強化すれば技のバリエーションが増える。

かつて、琉球王家の武術・本部御殿手《もとぶうどぅんでぃー》の上原清吉先生の稽古を拝見した時、身の回りの

本部御殿手・上原清吉先生による様々な得物を使った多人数掛け。身の回りの道具でも武器として用いていた。

道具を用いて攻撃に対処されていた。

現代において、準備していた武器で戦って相手を負傷させた場合、加害の意思ありとされるケースが多いだろう。そのため、たまたまそこにある道具を用い、武器として活用する術を探るほうが良いと考える。

その際、身体の武術的な使い方が必要になるので、ケンシロウのように拳足の技を自在に操れるように稽古し、その身体操作をベースに道具を用いるというスタンスが現実的と考える。ただ、手に何かを持って操ることは、鍛錬として効果的なので、そういう稽古はぜひとも行なうべきだろう。

第5章

北斗神拳をイメージして活殺自在を実践

指2本で腕の動きを封じる

千唐流空手道の初代・千歳強直先生が、第二次世界大戦後にアメリカの進駐軍に空手指導をしたことは前述の通りである。指導を頼まれたのには理由があった。

終戦は1945年だが、初代が教え始めたのは1951年の熊本の清水キャンプからだった。

その年、熊本市の繁華街となる新市街で、進駐軍の兵士と日本軍の元兵士たち相当数の大乱闘があった。その状況にMP（アメリカの憲兵）も警察も手出しできず、落ち着くまで様子見をしていたそうだ。

周囲には野次馬も集まっていたが、正義感が強い初代は往来で人に迷惑をかける行為が許せず、単独で乱闘の中に入り、騒ぎを鎮めた。しかし、当時の社会事情から進駐軍に手を出せば大問題になる。たとえ乱闘騒ぎを鎮めるためでも、私人が行なえば同様だっただろう。

「北斗の拳」のように、明らかに体格が勝る人間たちが乱闘する中に普通の体格の人が単独で入り込み、闘いを収めるシーンは、劇画と重なる。

ただ、現実にはその後のことも考えなくてはならなかっただろうから、乱闘がある程度鎮まったところで初代は姿を消したそうだ。しかし、それほどのことができる人物は限られているため、数日後、警察から呼び出しがあった。

当時の社会背景から、それなりの覚悟をして出頭されたとのことで、その時警察には進駐軍の司令官もいた。進駐軍が問題視していると思ったが、乱闘を収めた際の行為には何の咎めもなく、逆に、部隊での武術教官を委託されたのだ。欧米人の気質として、自分たちが認めたことに対しては素直に敬意を払うということだろう。

しかし、部隊の全員が同じ考えではなく、指導中は、強さに自信を持つ隊員から挑戦を受けることになる。そこで断ったら、直ちに信頼・尊敬を失い、武術教官はできなくなる。

そこで受けて立ち、たった指2本で相手の動きを封じたという。その相手はボクサーだったと聞いている。

戦いのシーンでは相手の力量が掴めていない時、最初はそれを探るために軽く手を出すことが多い。それはボクシングの試合でもよく見かける。その際、届くか届かないくらいの間合いでパンチを出してくるが、自分の間合いに入ってきた時は瞬時に対応するのが武

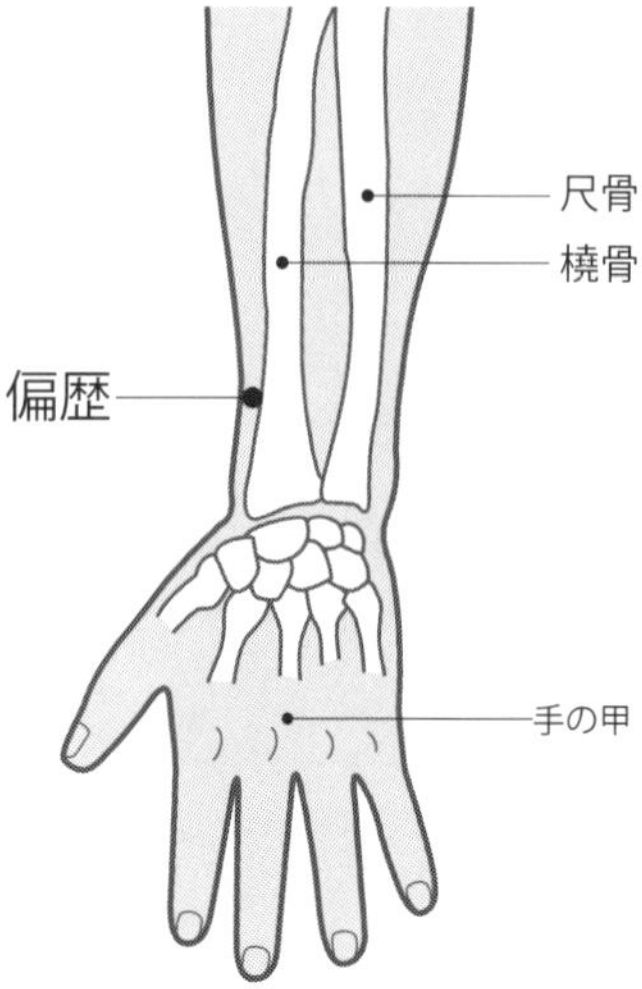

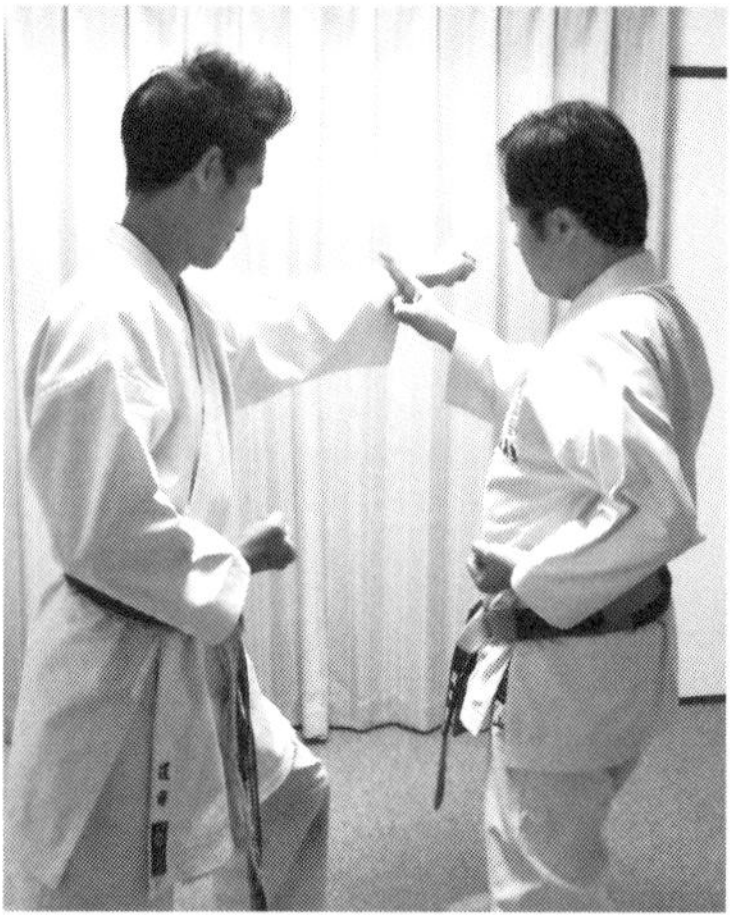

手首の内側にある大腸経の経穴「偏歴」。剣道で小手打ちをする位置であり、指2本で打っても、スナップを利かせれば一発で腕が痺れる。

術である。1ラウンド3分間といった概念もなく、開始1秒後でも勝機と見れば直ちに対応する。

だから様子見のつもりで仕掛けてきたパンチを見切り、指2本で手首付近を素早く叩いた。次の瞬間、相手は腕を押さえて姿勢を前傾し、戦う意思を消失したという。おそらく、グローブは着けていなかったと思われる。

あっけない結末だが、おそらく相手は小馬鹿にして素手で挑み、軽く当てればギブアップするだろうと高を括っていたのかもしれない。

狙った秘孔は経穴名で言えば「偏歴《へんれき》」と思われるが、剣道でも小手として1本になる部位であり、的確にヒットすれば腕を上げることができなくなる。

この時の初代の動きは、空手道の技として見かけることはない。しかし、初代は実は剣道も5段で、当時の剣道界で最高峰の一人とされていた高野佐三郎先生に師事していた。

こういうことから、部隊内でも信頼を得ていったのだ。「北斗の拳」を読んだ後にそういうシーンを見たなら、劇画の実写版に見えたかもしれない。1穴への攻撃で戦闘不能にするところは、どうしても重なってしまう。

昭和の剣聖・高野佐三郎先生
(1862～1950)

手首こそは武術体と健康体の基礎

「北斗の拳」を読んでいると、ケンシロウやトキの手の動きの柔らかさが印象的だ。トキの場合、登場時から「柔」の拳で、ラオウとの戦いで初めて「剛」の拳を見せるが、それ以外は動作が優美だ。

優美な身体動作は、一般の人には踊りのように見えるだろうが、柔らかい動きは現実の武術でも見られ、空手道でいえば那覇手系の流派で見られる。

千唐流空手道の宗家に一子相伝で伝わる形「ガンフー」を演武する初代宗家。空手らしからぬ柔らかく優美な動きを見せる。

千唐流空手道でも、宗家に伝わる一子相伝の形とされる「ガンフー」にはそういう箇所がたくさんあり、初代宗家の資料映像でその一部を見た。それは一般的な空手道の形と一線を画

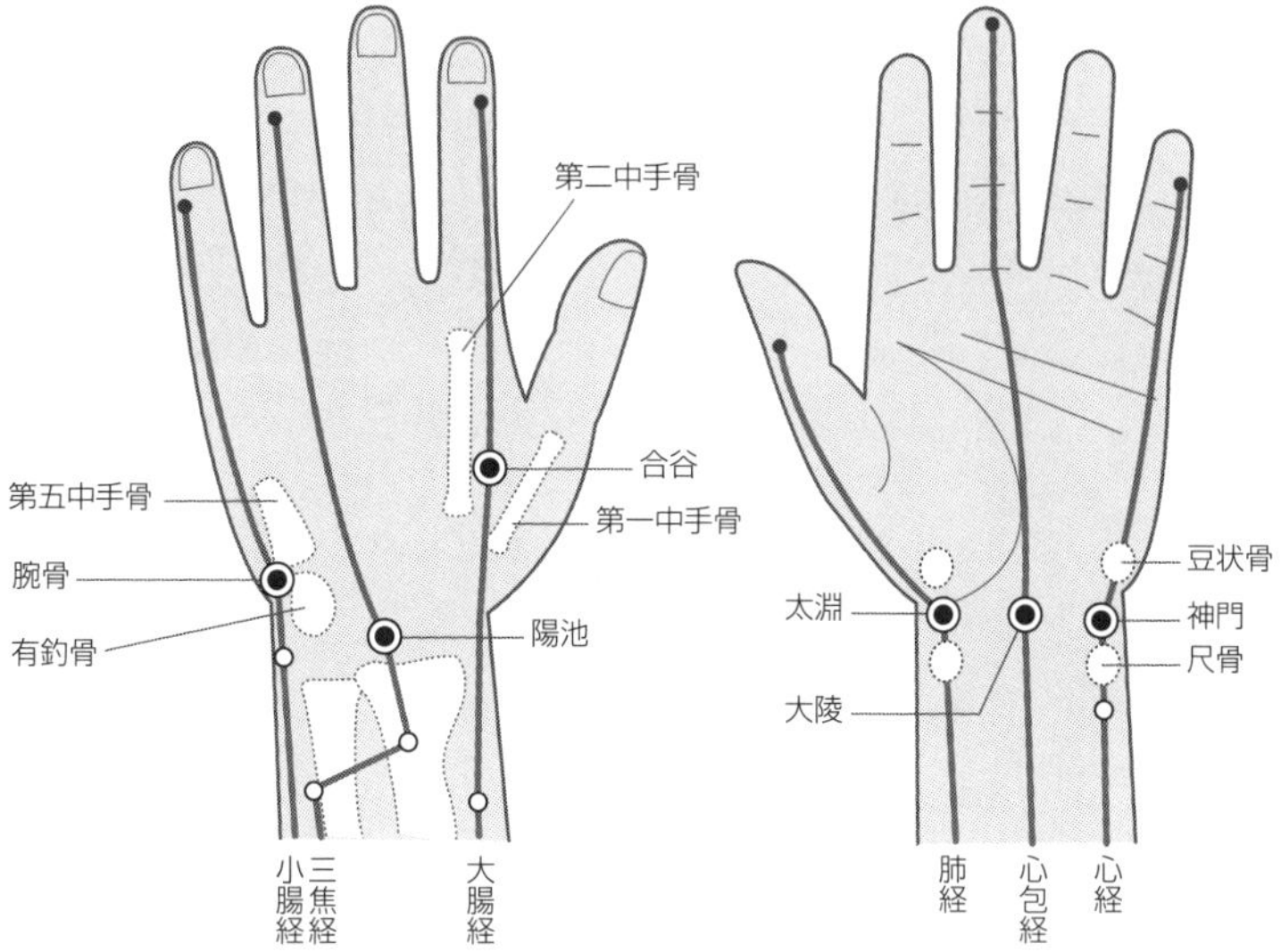

手首付近の原穴。高次元の柔らかい武技を使うために、手首の操作を徹底的に練っていく。

し、舞いのようにも見える。

琉球舞踊の女踊りに、武術の動きが隠されていると聞いたことがある。それならば納得いく部分がある。初代と親しかった本部御殿手の上原清吉先生に関する資料の中にも、「舞い」という呼称と共に武技が紹介されているものがある。

そういう柔らかさを武技として活かすには、手の動きの場合、手首の柔軟性が必要となる。それは、粘りを感じる動作でなくてはならず、武術でいう練りによって培う。

「形」などを通じて、柔らかい武技を使える手首を作り上げるが、これは健康体作りにも役立つ。手首周辺には各経絡の原穴が存在しており、手首の意識はそこに作用するからだ。

東洋医学でいう健康体の条件の一つに、経絡を流れる「気」の状態がある。淀みや滞りがなく、「気」がスムーズに流れていることが大切だ。原穴は当該経絡の様子を判断する診断点としても活用し、問題があれば、「気血」の流れが悪くなり、固さや押した時に圧痛が生じる。

だから相手をよく観察し、弱っている経絡を見つけられれば、そこに関係する秘孔を意識的に攻撃することで、その効果のアップも可能になる。それが東洋医学の考え方を武術に活かす方法だ。

「首」という漢字は「かしらを支える部位」を意味する言葉だ。その「かしら」を手に置き換えると、武技の主体的役割を果たす手を支える部位として、手首は重要な箇所となる。

稽古で実践できない「殺」と実践できる「活」

武術の稽古では、多少のダメージとその回復の経験によって打たれ強い肉体を作っていくことは鍛錬の範疇だ。ただ、秘孔の部位をいつも強く攻撃し合っていれば、将来的に心配になる。だから現実には、加減しながら少しずつ行なう。

ボクシングの場合、たとえグローブやヘッドギアを着用していても脳や目へのトラブルが起こり得る。いつも身体に過度な刺激を加え続ければ、その期間の長さでダメージが蓄積し、体調不良を招くのだ。年齢と共に過去の古傷が出てくるという話もあるので、一時期の勢いだけで肉体に過度な刺激を加えるのは慎むべきだろう。

ならば秘孔の効用をどう理解し、身につけるのか。相手が本当に傷つかない程度で止めても、その効果が実感できるところはある。そこを軽く打突し、本気で当てた場合を想像することは可能だ。

そして、秘孔の効果は意図的でなくても、稽古中、偶然体験することがある。例えば、相手からの突きを下段払いした時、たまたま良い感じで「偏歴」（106頁図参照）に接

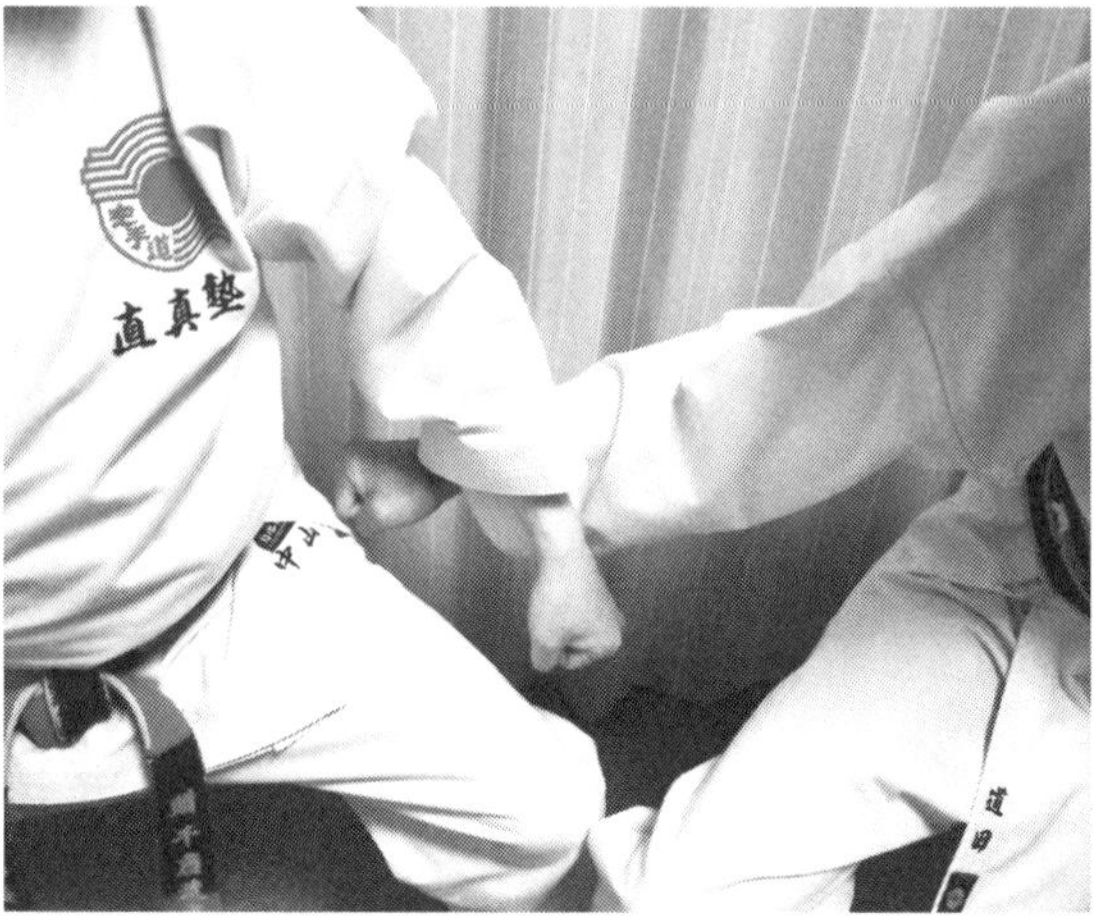

下腹部への突きに対して下段払い。脱力した技で、的確に「偏歴」などの急所に当たれば、重い衝撃が骨まで浸透する。

触し、突いた側が思わず腕を押さえてうずくまるというケースだ。

当事者たちは驚くが、こういう時は休憩も兼ねて秘孔と武技の関係について説明し、偶然の出来事を必然にするために行なうのが稽古であることを強調して続けてもらう。

「殺法」の稽古の場合、痛み・苦痛を伴うので、いつもそういうことをやっていれば今の時代、いじめのように取られかねないし、そういうことを望まない人もいる。だから、見本として見せる場合も人を選んで、加減した上で行なう。

しかし、「活」の世界は異なる。体調好転の技法体系なので、該当する人がいればその実践を待っている。なお、本書における「活法」は、一般的にイメージされるような蘇生術ではなく、怪我や身体の機能改善として述べていく。

体調改善の方法は筆者の道場でもよく相談され、整体術で対応できるケースならその場で行なうこともある。道場での一例を挙げれば、突き指の相談がある。

ただ、突き指した直後であれば、整体師という立場では施術できないことがある。まずは病院できちんと検査してそこで対応してもらうことになる。

突き指は大したトラブルではないと思う人が多く、引っ張れば良いと考え、安易に行なってしまうケースを耳にする。しかし、骨にひびが入っている可能性もあり、指の曲がりがある場合は骨折もあり得る。

道場で対応する場合は、病院での診断・治療の後、懸念したことが解消された後に、指の動きが悪い場合だ。骨折やひびは器質的なトラブルだが、動きの悪さというのは機能的な問題であり、こういう場合のみ対応している。

指先に神経を集中し、感覚を研ぎ澄まし、刺激の加減や方向などに留意しながら行なう。どこで終了するかも指の皮膚感覚からの情報が前提となり、何回やれば終わりということではない。こういう感性は「活殺」いずれにも共通する。

経絡の知識が武術に活きる

東洋医学の経穴には、正穴と奇穴があり、経絡と関係あるのは正穴になる。奇穴は経絡上に存在するものではないが、一定の経穴的な効果があるとされる。

以前、筆者の整体術講座に大東流の師範が受講された話は前にも書いたが、小手返しの際に親指で押さえる箇所の話題が出た。当然、技自体はお出来になり、押さえる部位についても教わったそうだが、そこが「活殺」の秘孔だということはご存じではなかった。

もちろん、現実の戦いでは劇画のように技や秘孔の

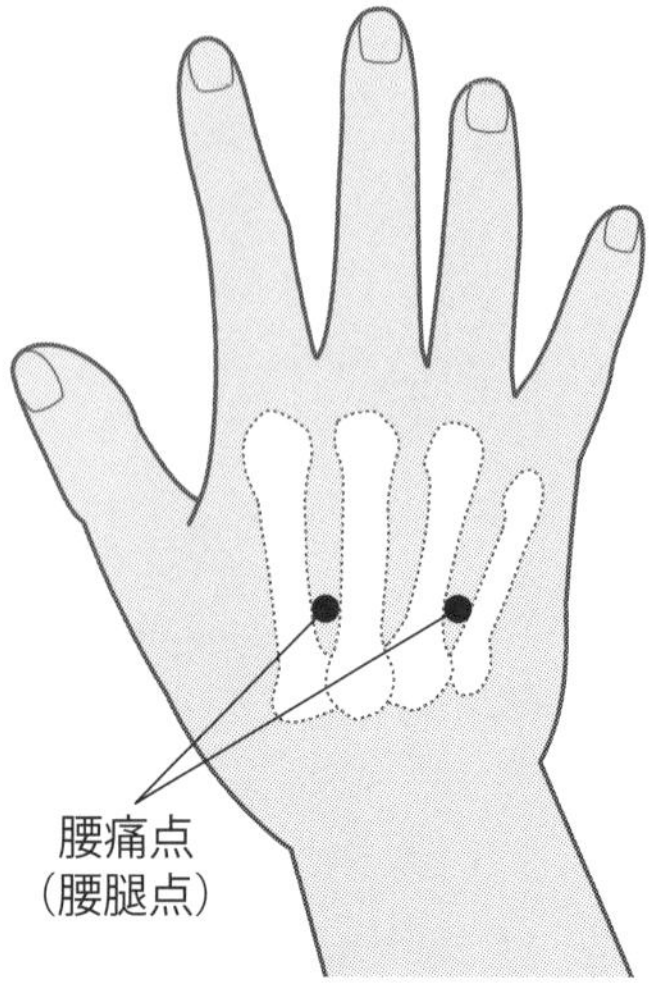

奇穴「腰痛点」（「腰腿点」）は、腰痛改善にも有効なツボで２穴ある。第四中手骨と第五中手骨が交わる「腰痛点」を強圧して小手返しすると、相手は腰が砕けるように落ちる（次頁写真）。

❶

❷

❸

❹

❺

名前を言って用いるわけではないので、その箇所の名称や経穴的な効能を知らなくても何も問題ない。しかし、「活」の場合は、きちんと理解して使用する必要がある。

この小手返しの際に活用する奇穴は、「腰痛点《ようつうてん》」、あるいは「腰腿点《ようたいてん》」と呼ばれる。文字通り、腰のトラブル解消の経穴だが、急所としても活用できる。小手返しの場合は、強圧的に用いることで、相手は腰が砕けるような感じで落ちることがある。

第6章 北斗神拳修得への道

技の浸透を意識する

「北斗神拳」自体は劇画の中の拳法であるが、現実でもその技法に近づこうとする意識は持てる。

筆者自身、「活殺自在」を意識する時、常に念頭に置いていることがあり、それが「北斗神拳」にも通じるところと解釈し、実践している場合がある。

秘孔に対して正確に当てることができれば、激痛やしびれを与えたり、場合によっては気絶させることは可能だろう。関節に対する技の場合、折ることもできるし、肋骨の場合は骨折させて内臓に刺されれば大変危険だ。頭蓋骨への攻撃も同様だ。

どうしても武技については危ない話になってしまうが、武術は戦いの体系を第一義とするところから、きちんと念頭に置いておかなければならない。

だが、骨折などの肉体に対する現実的な破壊をするなら、劇画に登場する悪党キャラと同じであり、「北斗の拳」で読者が魅力を感じる技とは異なるだろう。筆者も含め、この劇画で魅力を感じるのは秘孔の作用であり、それが誇張してあってもロマンを感じる。

　また、秘孔が「活」にも「殺」にも有効だということを多くの読者に伝えたのも、この劇画の功績と考えている。

　筆者も「活殺自在」の概念を説明する時、「北斗神拳」のような感じだと言っていた。すると多くを説明しなくても、何となく理解してもらえた。

　もっとも、その具体例となると、「殺」の部分では制限があり、稽古の中で秘孔に当てても痛みやしびれなどを経験してもらうくらいだ。すすんで気絶するまでのことを希望する人はおらず、組手の際に偶発的に秘孔に当たり、座り込んで動けなくなるくらいまでだ。外見的には軽く当たった場合でも、そうなることがあった。それはラオウやケンシロウではなく、トキ的な意識になっているからかもしれない。

　劇画ではその三者の設定がきちんとあるので、登場人物になぞらえた話が可能になり、そこから「活」と「殺」の技の結果は対極的でありながら、共通する部分を説明できた。「同化の意識」がそれだ。

　接触時にはいずれの場合も、まず「同化の意識」で行なうことが必要で、相手に防御反応が起きないように留意する。そして、自身の拳足が相手の身体の内側に浸透したと意識された時点で「活の意識」か「殺の意識」に瞬時に変化させ、目的を達成する。

しかし、「殺」の場合はその実践にブレーキがかかることもあり、現実には劇画に登場するような効果は得られない。

だが、「活」の意識の場合、整体術の臨床現場でいろいろ体験しているし、これまで出演したテレビ番組でも紹介している。その中ではたった1穴で身体の可動域を改善させているシーンもある。そういうところは劇画の世界そのままだ。

それは決して摩訶不思議なパワーではなく、経絡秘孔の知識に「同化の意識」という「活」・「殺」いずれにも共通するスキルを用いて行なっている。

文字でその方法を伝えるのは難しいが、自分のパワーがどこにどういう性質で作用するのか意識しながら、数をこなすのが最短の道かもしれない。

身体の中心軸を養成する

筆者は中心軸という言葉を多用する。それは武術の場合も整体術においても同じだ。武術では正中線という言葉も散見し、それも筆者は用いる。ただ、この二つの言葉の意味は異なることに気付く。

例えば「正中切開」という医学用語があり、体幹部の手術で、身体の縦の真ん中のラインを切ることである。

武術でも「正中線上の急所」という表現をすることがある。それは、経絡でいうと任脈（主に正面の正中線）や督脈（主に背面の正中線、78頁図参照）上の秘孔を意味する。

「北斗の拳」に登場する秘孔のうち、実在するレアなものに「命門《めいもん》」がある。その位置もほぼ劇画の通りで、腰椎2番と3番の間の督脈上にある。ケンシロウが膝で攻撃している位置とほぼ同じだが、両膝で攻撃しているため完全に督脈上とはいえない。

このように、経穴の位置を示す時も正中線といい、身体の正面・背面いずれにも存在する。だから、武術での身体操作の軸という意味なら、中心軸とするほうが妥当だろう。

武技において、中心軸の意識は技の質に多大な影響を与え、その最大の軸は体幹部を貫く。身体の中心軸は体幹部だけではなく、上肢や下肢、あるいは指にもあるといえる。

もし中心軸の意識なしに技を出した場合、自身が加えた力の反作用を受け止められない。だから、「殺」でも「活」でも、技法を習得する際には目先の行為だけでなく、自身に跳ね返る反作用に対応する術を持っていなくてはならないのだ。

武術の技を学ぶ時、基本や「形」でフォームについて細かな指定があるが、それが自然と中心軸を形成していく。効果的な技は、客観的に見ていても美しい。

例えば組手で1本取れるような技の場合、基本に則ったきれいな状態だ。これはルールの違いに関わらず、みな同じだ。先人の感性は、そういう瞬間的なところも見て、技術的な教えとして残したのだろう。

「北斗神拳」に少しでも近づきたいならば、稽古時に全身の中心軸を意識した動作になっているかを常に確認し、その状態を身体に染み込ませることが大切だ。

そういう意識は「活」の場合にも活かせる。筆者の整体術講座では、技術的なアドバイスをする時、中心軸に絡めた話をしている。もちろん、効果を出すには緩急や角度、加減など、他の「見えない技」が必要だが、施術のベースになる自身の身体の軸がなければ、結果的に腕力による施術になってしまう。

中心軸が安定している場合、圧のかけ方も安定し、持続圧が可能だ。それは体重の活用ができるからだ。それにより無駄な筋力の使用を排し、接触部位の不要な緊張を取り除き、そこで感じた情報を施術に活かせる。見た目にはわかりにくくても、質的には相違がある

身体の中心軸は、体幹部だけでなく、上肢・下肢にも貫いている。さらには、指にも存在する。

というわけだ。

「殺」の技では秘孔にこだわらず、相手を倒せば良いので、腕力だけでも良いかもしれない。だが、戦いの場でも精緻な武技で相手を制したい場合、武技のベースになる自身の身体軸の認識は必要になる。だから「北斗神拳」のような武技を目指すなら、「活」・「殺」いずれの立場からも中心軸は意識しなければならない。

五感を磨いて極意に至る

人間には視覚、聴覚、嗅覚、味覚、触覚という五感があり、それによって周囲の情報を知り、対応する。特に戦いの場面においては命が賭かっている場合もあり、感覚が鈍ければ悲惨な結果も覚悟しなければならない。

一方、活法の場合も五感は非常に重要である。施術を機械のように繰り返すだけならマッサージチェアのほうが良いわけで、プロとして結果を出したいのなら、やはり五感を磨き、

五臓	肝	心	脾	肺	腎
五味	酸	苦	甘	辛	鹹

五臓と味覚の対応表。例えば、甘いものを食べ過ぎれば脾を壊す。甘党の相手なら、脾経の経穴（秘孔）を狙うと良い。「鹹」とは塩辛い味のこと。

技術レベルの向上を意識しなければならない。

さて、五感のうち、嗅覚と味覚は「活」・「殺」にあまり関係なさそうに見えるが、人が生きていく上で感覚というのは、全ての活動に大なり小なり影響する。

例えば嗅覚だが、自分の身を守るという場合、匂いから自分にとって何かしらのマイナス方向に行かないかを感知することにつながる。身近なところでは腐敗臭を嗅ぎ分け、食中毒から身を守るということがある。「活」の世界では、施術を受けるクライアントの体臭を嗅ぎ分けることも情報の一つになり、そこから身体の調子を感じられる場合もある。

味覚の場合、食事の際に必要な感覚だ。いつも食べるものの味に特定の偏りがある場合、体調を崩すこともある。甘いものを取りすぎることで糖尿病になるのは典型例だ。

東洋医学的には、味と臓腑には関係性があるとされる。時として薬のように作用することもあるが、何ごとも過ぎたれば逆に作用する。その人の食の好みがわかっていてそこに偏りがあれば、関係する経絡・秘孔にアプローチすることで「活」・「殺」のいずれにも作用できるわけだ。どちらかと言えば「活」の場面で活用されることが多いかもしれないが。

この味覚に関する場面は「北斗の拳」にも登場する。南斗白鷺拳のシュウの仲間が調達した食料に毒が入っていたが、シュウが毒見をする前にそれを口にした子供がおり、亡くなった。

昔は将軍の食事の際、その前に何度も毒見が行なわれたそうだが、味覚の鋭さはこのような時に必要になる。食べものが腐っている時は匂いでもわかるが、舌で触れてもおかしいことに気付く。そういうところに敏感になることは、武術だけに限らず健康に生きていく上で大切だ。

そして聴覚については前述の二つの感覚よりも重要だ。前述のシュウは盲目の身でありながら、抜群の強さを誇っている。その際の相手の情報収集には聴覚が活用されるが、それゆえに雑音を発することでシュウの動きを止めようとする場面がある。そこでシュウは心で気配を感じ、対応するのだ。

筆者自身、聴覚だけで戦うといったことは経験がないので、どこまで可能かについては明確に言えない。この点は人間の可能性を信じ、聴覚もしっかり磨いて耳からの情報だけでも対応できるようになれたらと考える。

日常生活の中では、例えば後方からやってくる車を察知する、あるいは何かの物音に反応して対応する、ということは普通にあると思う。その感覚は「活」・「殺」の場でも活かせると思っている。

「活」の場面では、クライアントとの会話で声の調子などをきちんと聞き取り、心身の問題が理解できるようになる。日常生活の中でも電話の声から何かあったのかと心配するケースがあるが、こういう例は聴覚を活用した情報収集の典型例である。プロの整体師ならば意識しているはずだし、少なくとも筆者の講座では教授している。

さて、残った視覚と触覚は、「活」・「殺」のいずれの場合にもかなりの重要性を占める。特に視覚は、人間が感じる外部からの情報の8割から9割を占めるとも言われ、その役割は重要だ。

古より伝わる武道の極意言葉「一眼二足三胆四力」では、最初に挙げてあるのが「眼」だ。それだけ戦いの中で視覚の重要度は高い。ただ、武術で求める「眼」とは、感じる力が上位概念になるので、一般的な意味での視覚だけではない。しかし、そのような実体として存在する感覚を超えるレベルまで行くには、現実レベルにおいて極限まで磨き上げることが必要だ。

もっとも、何かを感じても動けなければ意味がない。自身が感じた情報に即して、瞬時に対応できる身体能力を合わせ持っておく必要もある。

そして最後に、触覚についてである。触覚以外の五感の感覚器はいずれも頭部にあるが、触覚は全身に及ぶ。

もし相手に触れずに「気」で倒すことができるなら、触覚の重要性は低くなるかもしれないが、現実の武術では筆者は懐疑的である。

「活」にしても「殺」にしても、現実に触れた時の情報は必要不可欠になる。特に「活」の現場では、皮膚感覚で圧の加減などを調整し、適切な施術になるよう意識する。巷には具体的な圧力の数字を挙げて解説する本もあるが、ビギナーならともかく、現場経験がある人の場合、数字ではなく手の感覚で加減しているはずだ。

「殺」の場合、たとえ秘孔に当てたとしても、その加減如何で効果は異なる。目まぐるしく動き回る戦いの場面で、そのような加減ができるのかと思うかもしれないが、それをできるようにすることが稽古であり、武技の醍醐味なのだろう。

前述した「裏当て」や「通し」も、この触覚の要素が関係している。接触した刹那にそこからの情報を適切に処理し、結果につなげるイメージで行なう。

「通し」自体は、動かない相手に時間をかけて行なっているので、実際の攻防とは設定が異なる。ここでは特に触れた時の皮膚感覚とイメージングが重要で、それらを連動させている。結果、刺激が浸透し、場合によっては背部まで届くケースもあった。これをさらに練って武技にしたいと考えているが、そのためにも皮膚感覚をさらに磨く必要があると思っている。

心の修行

武術を修行する者にとって、強くなりたいと思うのは当然であり、そのために苦しい稽古も行なう。それは自分なりの肉体的な限界を少しずつ超えていくところから始まり、少しずつそのこと自体が日課のようになる。

特に子供の頃は、少しの年齢差でも体力的、経験的な違いが大きいため、年長者から叩きのめされることもある。もちろん、大人になってからも自他の体力の違いを比較すれば明らかな優劣がつくことも多い。

ケンシロウにも彼を認めない兄ジャギがおり、「北斗神拳」伝承者ケンシロウの名を語り、悪逆非道の限りを尽くしていた。心が少しずつ捻じ曲がっていったのか初めから曲がっていたのかはわからないが、劇画を読む限りは初めからのように思える。

たとえそのような人物でも、何かがきっかけとなって心の修行の意味を理解し、本物の武術家に育っていく可能性があればと考える。

古の武術家も、まずは肉体的な修行を重ね、然る後に心の修行へと入っていった。例えば瞑想、禅、あるいは山に籠り、自然の中に身を置いて滝に打たれ、一人で自身に向き合う、といったことを行なった。そこでは猛々しい心の動きを抑えることが要求される。

武術では、強い心、戦う心が必要だと思いがちだが、最初はそういう意識で走ってきたであろう古の名人・達人たちが行きついたのは、実は静かな心の境地だった。そこには不戦の意識も含まれるが、真逆のステージに気付かせてくれるのも心の修行の特徴と言えるかもしれない。

心の修行について斜めから考えれば、年を取って、戦っても若くて元気な相手に負けるかもしれないので、事前にバリアを張っているのでは、と小馬鹿にする人もいるかもしれない。だが、熟達者を目の前にすると、たとえ相手が高齢であっても不思議と勝つイメージが湧いてこないものだ。事前に頭の中に染みついている何かが勝手に結果まで想像させているのかもしれないし、目の前の存在が自分よりも大きくなって、位負けをしているのかもしれない。

いわゆる剣豪小説などで、互いに構えた時点で勝負がつくシーンがあるが、そういった相手の強さを感じるのも実力の一つと考えている。そういう感性を磨くには心の修行が不可欠であり、心の眼で見た結果といえる。

いわゆる「観の目」には心の修行も関係し、物事に動じないだけの胆力も必要になる。このように心身共に強くなり、いろいろな角度から物事を見られるようになるためにも、心の修行は欠かせないと考える。

一瞬の「無」を経験した

武と心をテーマとする場合、「無」という概念は外せない。「活殺自在」の境地を求め続け、「北斗の拳」の世界観を重ね合わせて考える時、以前に筆者が経験した「無」は、一つの手がかりだと感じている。

「無」というと、何も存在しない世界をイメージするが、それを認識すること自体、実はとても難しい。この宇宙はビッグバンの瞬間から誕生したが、それ以前は「無」の状態だったと言われる。「無」から「有」が誕生したということだろうが、テーマがあまりにも壮大で、そもそも「無」とは何かということについて語れない。

しかし、半世紀以上に及ぶ空手道人生の中でいろいろ経験し、もしかするとこれは精神的「無」かもしれないと思えることがあった。宗教の世界でも説かれる「無」の概念は、武術の哲学化を意識する上では、武技の追求と共に重要な課題になる。

筆者が「無」を経験したのは、武術専門誌「月刊秘伝」の特集企画で行なった「裏当て」の撮影時だ。これについては先にも少し述べた。

この時に「裏当て」のオファーをいただくまでは、そういう試割りの経験はなかったし、目の前で誰かが行なう様子を見たこともなかった。筆者がやっていた試割りは、普通に瓦や板を重ねてすべて割る、あるいは自然石割りなどだった。

古流武術に諸賞流和《しょしょうりゅうやわら》という柔術があり、強力な当身技で名を馳せている。この流儀は盛岡藩の御留流《おとめりゅう》、門外不出の武術として知られている。そのため昔は藩外に広めることが禁止されていたが、現代では広く見学や入門が可能になっている。

諸賞流和は、強力無比な当身が特徴の柔術だ。その威力は鎧の裏まで通るという。

御留流になった理由として、藩主に技を見せてほしいと言われた時、むやみに見せるものではないと固辞したが断り切れず、鎧を柱に括り付け、肘で当てた。すると、表面には何の傷もなかったが、鎧の裏の蛇腹が破損していた。それを見た藩主は、御留流として藩外に見せることも広めることも禁じたという。

これは、空手道を修行する身には、打突系の技ということで大変興味深い話として頭に残っていた。いつか機会があれば試してみたいとずっと思っていたのだ。

そしてこの時、「月刊秘伝」からのオファーがあり、実行に移す機会となった。

いかんせん初の試みなので一抹の不安は拭えなかったが、いつもお世話になっている編集部からの依頼では断れないし、自分へのチャレンジのつもりで引き受けた。当然、失敗することも頭をよぎった。もし、期待に応えられなかったらという思いが、重く心にのしかかっていた。

ただ、引き受けた以上は全力を尽くすのみだ。そこからはひたすらイメージトレーニングを行なった。本番前に試してみてはとアドバイスもいただいたが、あえて行なわず、ぶっつけで本番に臨むことを選んだ。

これまでも、自分自身を追い込んで何らかの結果を出してきた。その経験に基づき、背水の陣の意識から潜在能力を引き出そうとしたのだ。また、事前の稽古でうまくいかなかった場合に、そのせいで本番もマイナスイメージを引きずることは避けたい、という思いもあった。だから、成功するイメージングだけをしっかり持って本番に臨んだ。

ただ、撮影場所の使用時間には制限がある。そういう中で準備をし、成功の瞬間を高速度カメラで撮影することになっていた。しかも、カメラのメモリー容量から、撮影可能な時間は1回あたり6秒くらいということだった。つまり、その時間内に気持ちを落ち着け、呼吸を整え、「裏当て」に挑戦しなくてはならない。

また、動画がより鮮明になるよう、背景を暗くするため布が張られ、筆者の足元の床までカバーするように伸びている。そこに試割りの板を載せるブロックがあり、筆者の足も布の上だ。それは足場の安定性として厳しい環境だった。

実際のところ、心理的プレッシャーを感じていたが、それは見せないようにしていた。イメージトレーニングでは上手く割れているので、それを信じて行なった。

だが、やってみるとやはり加減が難しく、何回チャレンジしてもすべて割れるか割れない、という状態が続いた。時間制限があったので、心の中に焦りが湧いてくる。しかも、きちんと割れれば拳に負担はないが、割れないことが続くと徐々に拳の肉体的なダメージが蓄積する。それは心理的にもストレスだった。

そのうちに、準備していた板や瓦の在庫も減ってきた。二枚目の板だけを割るという成功イメージをしながら繰り返す中で、ふと、頭の中にあった懸念が全てなくなったのだ。

後から思うと、その瞬間、「無」の状態に入ったのだろうが、その瞬間はそういう意識さえない。何をやっているのかという目的すらもわからないまま、拳を板に当てた。

これまで聞いたことがないような乾いた音がした。その瞬間、我に返り、板を確認すると、見事に成功していたのである。

画像を確認すると「裏当て」成功の様子がきちんと写っており、予定通りの発売号に連続写真で掲載された。その後、同誌の付録ＤＶＤにも動画で収録されている（33頁写真参照）。

その時に感じた「無」の経験は筆者の中で大きく残っている。こういう経験をいつでもどこでも再現し、武技としても用いることを追求したい。稽古方法を工夫すれば、「裏当て」の習得は可能だと考えている。

偶然を必然にする稽古

長年稽古していると、偶然うまくいくケースを経験する。これは武術の場合も整体術の場合でも同様である。

以前、空手道の組手稽古をしていた時だ。千唐流空手道では防具付きで打突を当てるが、筆者の道場ではその時代、組み合わせによっては無防具で当てていた。もちろん、当てる加減には留意するが、瞬間的な身体の締めやギリギリの体捌きを習得するためである。それは上級者同士で行なっていた。

その際、筆者が放った中段突きが当たったのだが、試合で1本となるような感じではなかった。軽く当て、そのまま押し込むのではなく、むしろ引きを意識した突きだった。

しかし、相手はその1~2秒後、膝を折ってうずくまったのだ。当てられた側も触れられただけの感覚だったが、その後、お腹の奥が変に固くなるような感覚に襲われ、きちんと立つことすらできなくなったという。帯を解き、しばらく休んでもらうと回復したが、稽古が終了するまで違和感が残ったそうだ。

当時、筆者の中では「活殺自在」の意識の芽が芽生えたばかりで、「活」のほうの研究・練度はまだまだで、活法的な対応は難しかった。「殺」のウエイトが高かった頃である。

この時のことを後で考察し、武技として再現性を求めるようになった。それが「裏当て」（33頁写真）や「通し」（58頁写真）につながっている。

人体は固体のように見えるが、中国拳法では水のような液体として捉えるという。実際、人体を構成する内の半分以上は水分であり、だいたい6割から8割くらいと言われている。

人体をその前提で考えると、そこに伝わるエネルギーは波となり、衝撃の伝搬が時間差で現れると理解している。

前述のシーンを改めて考えると、互いに緊張した状態で起こったことではなく、相手の一瞬の虚の瞬間、不要な緊張を招かないような状態で突いている。それが「同化の意識」につながり、そこでは接触時の状態を重視している。

「同化の意識」なしに突いたり、触れた瞬間に緊張を与えれば、相手の防御反応を起こし衝撃は浸透しない。武術の経験者であれば、しっかり身体を締めた状態がどんなに強靭かはご存じだと思う。肉体の鎧化を図るのも武術の姿の一つだ。

それでも相手を倒したいなら、一種の隙を作り出す技法も必要になる。そのタイミングで仕掛け、接触時に緊張を招かない技であれば、軽く見えても効くことになる。

ただ、相手の身体に波紋を生じさせるには、押しだけでなく引きの要素も必要だ。前述の実例では、それらの条件がうまく重なったと考えている。このような偶然を必然にするために、生涯稽古を続けているのだ。

「北斗の拳」のケンシロウも、戦いを通していろいろな経験をしたからこそ、これほどまでに強くなっていったのだろう。

触れる手の質を上げる

殺法でも活法でも全身の活用が必要だが、直接的に相手に触れる手は、大変重要といえる。

「殺」の視点からは、武器として「剛」の用法に耐えられる鍛錬が条件になる。その結果として、ゴツゴツした強そうな手がイメージできるだろう。

しかし、そのような手ではない武術家もおり、一見、そのような拳で効くのかと思えるが、実際に突かれると内部に浸透するという経験をした。それが武技の「見えない技」になっているのだろうが、「活」の世界でも刺激が身体の奥深くに浸透することが要求される。目的は異なっても、この点は共通するのだ。

「同化の意識」は、「北斗の拳」を再読した時に改めて感じたが、それは「活殺自在」の世界と重なる。

現実の武術の世界でよく言われる要点に、緩急がある。「緩」と「急」の差が大きいほどその効果も大となる。

「同化の意識」の場合も重要で、固いものが触れたと感じた瞬間、防御反応が生じ、身体の奥に衝撃が伝わらないように身体を締める。だが、常時締めっぱなしというわけにはいかないため、戦いの最中でも一瞬の「虚」の状態ができる。そのタイミングで攻撃されれば、想像以下のパワーでも倒れることがあるのだ。

わかりやすい例としては、フェイントから入り、すかさず極めの技を放つパターンだ。しかし、これは最低2挙動になってしまう。1挙動の攻撃中で行なうなら「同化の意識」を活用する。その場合、身体の末端部までイメージ通りにコントロールする身体操作のクオリティが要求される。それが手の質につながるのだ。

「同化の意識」は「活」の世界では必須の意識であり、固い手で触れれば、不要な緊張を生み、身体改善の結果を得られないどころかトラブルの原因にもなり得る。

特に受ける側が緊張体質の場合、要注意だ。その緊張を身体の張りやコリと勘違いしてしまい強圧的になった場合、トラブルにつながる。

普通は、受ける側の緊張を感じた時に「力を抜いてください」とか「リラックスして」という言葉をかけ、その状態を解消しようとするだろう。しかし、最初から触れる手の質をコントロールできれば、受ける側も抵抗せずに済むだろう。

これまでの整体術の臨床例の中には、線維筋痛症の女性のケースがあった。その方は自力では動けないため、お母さんが付き添いでお越しになり、家での様子も伺った。自宅では、体中が痛いという娘さんが少しでも楽になればと思い、身体を擦ろうとするが、触れること自体が痛くて拒否されるという。

その話からして、そもそも施術することが可能なのかという思いが、まず頭に浮かんだ。しかし、依頼された以上、できる限りのことをするつもりで臨んだ。お母さんは家での場合と同様、痛みを訴えるのではと思われたそうだが、その様子はない。

予定の施術を終えた後、痛みに関していろいろとお話を伺った。難病指定されている症例なので1回で好転することはないが、何らかの改善は感じられたようで、その後、数年にわたって通われた。その間、施術で痛みを感じたという話は1回も出なかった。

ところで、もし施術の相手が動物であれば、言葉は通じない。動物は本能的に相手を見抜くと言われているが、劇画の中でもラオウが乗る馬、黒王がケンシロウを見ておびえたシーンがある。

ラオウが乗るくらいの馬なので、もともと物事に動じない胆力を有しているのだろうが、本能的にケンシロウの力を感じたのだと思われる。

以前筆者は、あるご縁で犬の施術をすることになった。老犬なので歩くことすらままならない状態だった。かなり気難しい性格で、知らない人間が下手に触れようすれば噛みつこうとするという。

飼い主の方からそのことを事前に伺っていたので注意していたが、触れてみると何の反応もない。とても自然に受け入れてくれたのだ。

足が弱っていたので腰周辺を施術したが、そこでは人間に対するようなやり方ではなく、見た目は単に手を当てているだけだ。しかし、施術後、自ら立ち上がり、筆者の周りを歩き回って感謝しているように見えた。これは「同化の意識」による、種を超えた施術事例だと考えている。

相手を見抜く能力

「活」の場合も「殺」の場合も、相手を読む能力は必須だ。それはもちろん、自分のレベル・状態を熟知していることが前提になる。孫子の言う「敵を知り己を知らば百戦危うからず」という兵法につながることだ。

自身の実力については、それまでの修行の成果をどれだけ理解しているかが大切だが、自信過剰になっていては心の隙になる。

実戦の場面で相手を知ることはとても重要だが、突然そういう場面に遭遇した場合、ゆっくり情報収集はできない。大会試合ならば、あらかじめ日時が設定されているので、事前に映像などを見て、有力選手の癖や得意技などを研究できる。しかし、突然の戦いではそれはできない。

となると、その場で相手の様子を観察し、少しでも自身に有利な戦い方を組み立てる意識と実践が必要になる。

もっとも、それを容易に相手に悟らせるようでは不利を招く。だから自然体を装い、自分を見せないようにカムフラージュするのだろう。

それでも相手のことを読もうとすれば、戦いのスタート時点では軽く牽制しながら動きの癖などを読み取る。プロ格闘家の試合で1ラウンド目などは、あまり打ち合いがなく、様子を見るケースが多い。その時にいろいろと相手の情報を集め、その上で勝負をかける。

このような慎重さは戦いではとても大切だ。「北斗の拳」では豪放なイメージがあるラオウでさえ、サウザーとの戦いは彼の身体の秘密がわかるまでは避けていた。

ケンシロウは戦いの中でその秘密に気付いたが、この点、ラオウは慎重だった。孫子の教えを意識していたようにも見えるが、そのような部分は描かれていない。

こういう意識は武術だけでなく、スポーツの世界でも必要であり、一流選手は行なっている。

そして観察の意識は、「活」の世界でもとても重要だ。決まり切った手順でしか行なわない手技では、改善の結果は出ないのだ。

現場では、観察→問診→触診の順で相手の情報を得て、施術する。最初の観察で何を感じるかが重要だ。この手順がミックスされていろいろな情報を得るわけだが、まず相手を読むことができなければ良い結果には結びつかない。

五臓	肝	心	脾	肺	腎
五色	青	赤	黄	白	黒

五臓と色の対応表。例えば、顔色が赤みを帯びた相手は、東洋医学の臓腑でいう心を病んでいると考え、心経の経穴（秘孔）を狙うと効果的だ。

整体術の場合、身体の歪みを診たり、ちょっとした動作を見ることになる。歩き方や身体の中心軸の状態なども観察する。こういう視点は、戦いの場面でも重宝する情報が得られる。

相手の様子を読む事例として、顔色と体調の関係がある。東洋医学では顔色が臓腑の問題と関係があるとされるので、それを読み取る。

ただ、日焼けをしている人やあまり外に出ない色白の人、照明の具合、観察する人の顔色に対する感性なども関係し、必ずしも正確な情報が得られるわけではない。だが一つの参考にはなるだろう。

東洋医学では五臓、すなわち「肝」「心」「脾」「肺」「腎」の状態に気を配る。そして、それぞれに関係する色がある。それが顔色に出ていれば、対応する五臓に何らかの問題があると推測するわけだ。その関係性は、「肝」―青、「心」―赤、

「脾」―黄、「肺」―白、「腎」―黒となる。

こういう観察眼を養うには、現実に五臓に問題がある人をよく観察し、健康な人と比較することが大切だ。自分の思い込みの色をもとにして行なうべきではない。

これを「殺」のスキルに活用する場合は、顔色に関係する五臓に問題があると捉え、それに対応する経絡・秘孔を攻めるのだ。

第7章

北斗宗家と武術流派の宗家

宗家を擁する古流武術

「北斗の拳」では、カイオウが登場するところで「宗家」という言葉が出てくる。この場面まで、「北斗の拳」はバトルものの劇画という認識だったが、この時から伝統武術のカラーも見えてきた。

筆者が長く修行している千唐流空手道も、宗家を擁している。宗家は流儀の揺るがない核心として存在する。武術の宗家は技術的な点で源流になり、「形」以前の基本技にも流儀的な特徴がきちんと見られる。

剣豪小説では、相手の太刀筋を見てその流派を見抜くシーンがある。同じ剣という武器を用いても流儀ごとに使用法が異なり、それを見抜くことで相手の技の情報が得られるのだ。そのためには、武術家なら他流にも精通していなければならない。

劇画の中でケンシロウは、初めて手合わせをした相手の流儀名を見抜いている様子が描かれている。その流儀の特徴を知っていれば対応もしやすい。「北斗神拳」は暗殺拳という性質がある分、そういう知識と対応する武技を習得していなければならないのかもしれない。一方で、流儀の技術的源流となる宗家の場合も、立場上、いろいろな武術に精通していることが必要だろう。

千唐流空手道の初代宗家・千歳強直先生もいろいろな武術を学び、それをベースに流儀を体系化された。たしかに技法体系をよく見ると、そこには複数の武術のエッセンスが見て取れる。武芸十八般という言葉があるが、古には多種多様な武術に精通していることが必須だった。

そのため千唐流空手道の場合、打突系の技は当然だが、投げ技や関節技など柔術系の技も見られるし、武器術には琉球古武術や剣術の要素が含まれている。

体系化された武術の中には、流祖・宗家の修行の足跡がしっかり残っているのだ。そこまで理解して会得するならば、表面的な動作だけでなく、その裏まで意識して学ぶことが大切だ。

「一芸に通ずれば万芸に通ず」という長宗我部元親《ちょうそかべもとちか》の言葉がある。筆者はこれまでいろいろな武術の演武会に足を運んだが、いずれにも何か通じる極意を感じた。その感覚を覚えたのは、初代宗家の無言の教えが染み込んでいるからかもしれない。

武術の流派はたくさんあるが、組織の役職的な意味、あるいは権威付けとして宗家と呼称される場合もある。だが、武術の流派であれば、本来は技術的な源でなければならないし、それは思想的な意味でも同様だ。

古流武術であれば精神面の教えは必ずあるし、その点でもお題目だけでなく、その内容まできちんと示すことが必要になる。

劇画では「北斗神拳」の成り立ちについても触れているが、創流時の時代背景から説明してある。現実の武術でも、流祖となる宗家が生きた時代背景を前提に、技術・思想が編まれたと考えると、見えなかった理合いも見えてくるだろう。

流祖は技術と思想の達人

武術の流派の場合、流祖という存在がある。流祖はその流儀の始祖を意味し、技術を体系化した当人なので紛れもなく宗家だ。別の意味として、宗家とはそれを継ぐ家系をそう呼ぶ場合もある。「宗」という漢字そのものに本家とか中心として尊ばれるものという意味があり、似た言葉に宗主や宗師がある。

流祖以降で宗家と呼ばれる人の場合、一般の門人とは異なる稽古課程を経て、技術的にも模範となるレベルが求められる。武技の継承がきちんとなされ、技の理についても精通しておかなければならない。こういうことは、継承者にとって最初は針の筵《むしろ》に座っているようなとんでもないプレッシャーだろう。

千唐流空手道の初代宗家と二代宗家。多くの武術には、流儀を継承するための宗家制度がある。

武術の流儀だから、その第一義は戦い方の体系を有していなくてはならないが、武と哲学という観点からの教養もある。

千唐流空手道にも道場五訓として端的にまとめられ

た教義がある。次の通りである。

一　**礼儀を重んずべし**

一　**態度を正すべし**

一　**言語を慎むべし**

一　**意気を盛んにすべし**

一　**清潔を旨とすべし**

最後に「清潔を旨とすべし」とあるが、筆者は最初の頃、不思議に思っていた。武術道場の教えというイメージではなかったからだが、とても特徴的な教義といえよう。命が尽きる時は、病気や怪我ではなく、できることなら寿命で息を引き取りたい。そのためには健康であることが条件だが、この清潔という言葉を拡大解釈すれば、心身共に健康を保つという意識に通じると考えている。

「活殺自在」というコンセプトでは、武技の質のキープにも武術体すなわち健康体がベースになる。無茶をやり続けて身体を壊した人の老後は、人生を戦いに置き換えた場合、勝負に勝ったと言えるのかと考えてしまう。

空手道の道を歩き始めた時には強くなりたいという気持ちだけで、随分身体に負荷もかけてきたが、幸い大怪我をすることなく現在に至っている。もし、若気の至りで生涯消えない傷を負っていたら、この道に入ったこと自体を後悔していたかもしれない。

年を重ねる中で、武術に別の面を見るに至り、この道を歩いてきて本当に良かったと感じている。生き方そのものに影響を与える哲学は、道場訓の一行からも感じられるものだ。

宗家というルーツに真髄を見る

武術の世界では、宗家の存在は当然のことであるが、「北斗の拳」の読者には新鮮に感じた人がいるかもしれない。

その流儀を体系付けた流祖の場合、いろいろな経験をベースにしている。何もないところから突然一つの流儀が生まれたわけではない。宗家の系脈も研鑽・研究を積み、さらに発展させることが期待される。

劇画でも「北斗神拳」の当代であるケンシロウは自身の戦いの経験を取り込み、武術家・拳法家としての成長が示してある。もちろん、そのような成長は宗家でなくても、武術を志す者は皆に必要だが、立場上、一般の門下生以上に求められる。

近代流派の場合、流祖に武術を教えた人物が存在し、そこに流祖の経験・研究が加味されて体系化される。それ以前の時代にできた流派は、実戦経験がベースになる。効果的に相手を制する技術に気付いた場合、それを身近な人に伝承し、それが流派として成立したと考えられる。

千唐流空手道・初代宗家から受けたアドバイスに、「技の解釈について一部は教えるが、他は自分で考えろ」がある。一つの動作にはいろいろな展開があり、自分の技にするために工夫・研究せよ、というメッセージだと考える。

劇画では、「北斗神拳」の誕生の前に「北斗宗家」の存在があった。宗家が守護する天帝を失った後、世の中は乱れ、さらに強力な暗殺拳の誕生を待った。その結果、無敵の「北斗神拳」が誕生したという設定だ。

現実の武術の場合、日本では古墳時代の中期ごろ創流されたといわれる関東七流や、平安時代中期から後期に誕生したといわれる京八流などが武術の流派としての誕生期と思われる。

その時代はまだ戦国時代以前だが、時が流れ、戦乱の時代になるといよいよ合理的な戦いの技法体系としての必要性が出てくる。そして、柔術では竹内流《たけのうちりゅう》が創始される。竹内流は実際のところ総合武術であり、現実の戦いを想定するとそれは当然のことだろう。

武術は時代背景から必然的に生まれた。戦国時代に世の中は乱れ、「北斗の拳」の世界のように強さを求め、そのための知恵や技術が必要となる。そして、我々がイメージするような武術流派創始の頃の様相が見えてくる。まさに「北斗宗家」の時代もそういう状態なのではないだろうか。

そのような乱世を平定するために、強力な流儀・技法の必要性から「北斗神拳」が生まれたとされている。ただ現実に生まれた武術諸流には、絶対的な強さを有する体系が登場したことはない。たとえ流祖は無敗を誇っても、技術を学んだ弟子まで含めて絶対的な強さを誇ったわけではないのだ。

武術の世界に身を置く者として感じるのは、技術の理が優れていても、技を用いる者の再現性が不完全なら不覚を取るという現実だ。そのため、流派の優劣を絶対的な視点で語ることは難しい。

しかし、劇画の世界ではそのような設定が自由であり、絶対不敗の武術を作り出せたからこそ人気を博したのかもしれない。

「宗家」という立場の重さを考える時、そのルーツに思いを馳せ、先人の苦節を考える。劇画の中でもケンシロウが「北斗宗家」のことを知った時、涙し、そして己の使命を知ることになる。

ケンシロウは聖塔に刻まれた記録から「北斗宗家」の数々の戦いの全てを知り、そこから伝承者としての使命を理解する。現実にはそのようなカタチで記録を残している流儀はなく、劇画のような伝承の方法もない。だが、武術を志す者にとって流祖の生涯を知りたいと思う心は共通であろう。

そういう思いが示されている「北斗の拳」は、現実に武術の世界にいる人たちに大変なロマンを掻き立ててくれたと思う。この点は、武術伝承の「時間軸」を描いたところとして興味深い。

「戦い」と「愛」

「北斗の拳」のラオウの最期のセリフ「わが生涯に一片の悔いなし!!」は、人生の最期に言いたい（そうありたい）ものだ。一方、実在した武術家の言葉の中にも言ってみたい名言がある。

実在する空手家を主人公にした劇画「空手バカ一代」にも、「大山空手は後ろを見せない」といった極真空手創始者・大山倍達《おおやまますたつ》先生の名言がいろいろと出ている。それが現実の言葉か原作者の創作か真偽はわからないが、武術家たる者は、かくありたいと思わせる。千唐流空手道・初代千歳強直先生の言葉にも「いつでも、誰でも、どこからでも掛かってきなさい」がある。

今でこそ空手もいろいろなルールの試合があり、その範囲内で腕試しができる。しかし、そういう試合、大会は昔はなかった。日本で最初に行なわれた空手の全国大会は防具付きルールで１９５４年、東京で開催された。

それまでにも競技化の試行錯誤はいろいろあり、大学の空手道部の交流試合などは行なわれていたようだ。しかし、その大会までには全国規模までには発展しなかった。

空手では道場内の自由組手がもっとも身近な試合になろう。しかし、空手が発祥した昔の沖縄では、道場内で自由組手はほとんど行なわれず、形や鍛錬が主体であったという。

だが、血気に逸《はや》る若者はそういう稽古では満足できず、実際に戦いたいという欲求にかられるのは今も昔も変わらない。筆者も他流試合を多少経験しているが、こういう意識は武術の世界では誰しも通る道のように思える。年を重ねるといろいろ方向性も変わってくるが、初代宗家も若い時は例に漏れなかった。

当時、沖縄では腕自慢が自然に集まり、「掛け試し」と称する、いわゆる野試合が行なわれていた。沖縄出身の初代宗家もよくそこを訪れ、幾多の空手家と拳を交えていた。

本部御殿手の上原清吉先生によると、当時の初代宗家は「掛け試しの知念」という名を馳せていた。ちなみに初代は沖縄名を知念といい、琉球王家の御附武官の家柄になる。その人脈から当時の著名な先生の下で稽古し、自身の経験と研究から千唐流空手道を体系化した。

その実戦性は門下生にも浸透し、千唐流から派生した養秀会宗家の山元勝王先生は「虎殺し」で有名になり、プロ空手を興した大塚剛先生も千唐流の流れを汲む。

いずれの先生も初代に多大な影響を受けているのだろう。初代の言葉「いつでも、誰でも、どこからでも掛かってきなさい」は、強さに裏打ちされた自信の表れと考えられる。そのような豪胆さがありながらも「清潔を旨とすべし」という教義を掲げており、そのギャップに驚く。それこそ、まさしく陰陽論的な思想につながり、「戦い」と「愛」という真逆の概念を含めて根底に描かれる「北斗の拳」の魅力にも通じる。

流儀の思想と哲学を求める

武術の流祖は、自身の体験を元にした合理的な戦い方の伝承を意図し、そのポイントを残している。その残し方は多くの場合、現代の書籍のような詳細に綴られたものではなく、口伝であったり、書物であっても技名が列挙されたメニュー表のようなものだ。

また、そこに示される技の名称は、見ただけでは他流の者には意味がわからないようになっている。だからその技を学ぶためには入門しなければならないが、それでも全伝を受けられるわけではない。

その理由に技量の問題もあるだろうが、昔は今と時代背景が異なり、技術を教えることで技の裏を取られるリスクなどを防ぐためだ。他流に技のポイントが流出しないようにする意図もあっただろうし、そういった秘密主義がある意味、流派の存続に必要だったと推測される。

流祖が命をかけて築き上げた体系は、これはと思う人物だけに伝えたと考える。その際も武術の性質上から、完全相伝ではなく不完全相伝だったという説もある。

となると、流祖から受け継いだ技術について、継承した宗家の工夫や研究が加わり、細かなところで解釈の違いが生じるケースも出てくるだろう。

「北斗の拳」では、最強の暗殺拳の伝承者として究極奥義まで取得したケンシロウに新しいライバルが出てきた時、瀕死の状態になるシーンがある。しかし奇跡の復活を遂げ、その経験を活かし、さらに強くなるのだ。

現実の武術では歴史上、正統継承者の怪我や体調不良によって伝承が途絶えたかに見えるケースもあっただろう。ただ、中興の祖の登場により、再度その流儀が盛んになることもある。また、オリジナルの流派を引き継ぎつつも、新しい流れが生まれる場合もある。

流祖ではなくその流儀を引き継ぐ宗家について、「北斗の拳」では伝承者としている。ストーリーの流れからするとラオウの息子、リュウが継ぐのではないかと予見させる展開になっている。

作者の意図はわからないが、現実の武術でも血筋で伝承されるケースが多いことから、そうなるのかもしれない。おそらくその場合、それまでの「北斗神拳」の技術にケンシロウが戦いの中で会得した技も含まれてくるだろう。

武術の最終段階は哲学になるが、時代背景で変化する部分もある。もちろん、根本が変わることはなく、あるとすればその流派を離れ、自流を興した時だ。

流儀の哲学は道場訓などに表れるので、一門下生でも一定レベル以上になれば、その解釈についての理解が大切になる。宗家はそういうところで精神性を説き、流儀を率いることが技術とは別の面で必要になる。

「北斗の拳」では言葉ではなく、ケンシロウの行動・態度でそれを示しているように思える。それが読者にも伝わっていることが、今なお人気が衰えない理由の一つではないだろうか。

戦いの果てにある境地とは

「北斗の拳」の最後に登場する強烈なキャラクター、ボルゲ。見た目は醜悪の一語に尽き、復讐の執念に凝り固まり、その行為は残虐極まりない。敗北を喫したのちに強烈な復讐心が芽生えるケースはあるが、「愛」を根底のテーマにしたイメージが強い「北斗の拳」にしては異色だ。

最終的には作品のテーマに戻ったが、戦いは勝者と敗者を作り、それが両者に違った人生を与えるという一面を示したエピソードになっている。勝敗は当人だけでなく関係者にも影響を与えるため、単に勝って良かったというだけでは済まない。

実際にも古の武術の場合は、負けは命を失うこともあれば、身体機能の喪失というケースもあった。

ただ現代は、戦ったことが良い経験だったと前向きに考える人が多いと信じたい。それは、時が経ち、自らの人生を振り返った時にわかるのではないだろうか。

古の武術の達人・名人が残した教義には、戦わないこと、人を殺めないことが説かれているケースが多い。

その一例が、無住心剣流・針ヶ谷夕雲《はりがやせきうん》の「相抜け」という境地だ。針ヶ谷夕雲は、生涯52回の戦いで無敗という剣豪である。修行の末に、高い境地に至った者同士なら剣を交えなくても相手の力量を察知し、戦わずして剣を納める、ということを説いた。

勝ち負けだけに留まらず、無謀な相打ちも畜生剣法と称し、さらなる上位の境地を目指した理由にはそれなりの経験があり、自身が流派を興した時はそれを明確な言葉で伝えているのだ。

また、広く名が知られている剣豪、塚原卜伝《つかはらぼくでん》のエピソードを一つ紹介しよう。たまたま舟に乗り合わせた武芸者から、ぜひ一手ご教授をと言われた。川の流れの途中にある小島で立ち合うということにしたが、その武芸者を先に下ろし、自分はそのまま舟に乗って立ち去った。そして、これこそ「無手勝流」と言ったという。

卜伝自身、自身が開いた流儀は鹿島新當流で、このエピソードの時代背景はそれまで修行していた鹿島古流なのか天真正伝香取神道流なのかはわからない。しかし、ここでも無用の戦いを避けるという姿勢が見える。古の名人・達人は自らのレベルアップにつながる相手を選んでいたのだろう。いずれにしても喧嘩自慢で戦っていたわけではないと考える。

本節の最後に、もう一つだけ突き抜けた達人の話をしよう。幕末の剣豪の一人と言われる男谷精一郎《おだにせいいちろう》だ。直心影流の道場を開いていたが、男谷の剣声を聞き及び、対戦を希望する者が多数訪れたという。

その強さには定評があったが、立ち合った際、どんな相手にも3本勝負のうち1本は花を持たせたという。しかし、残りの2本は男谷が取った。

こういう対応は絶対的な自信がなければできない。男谷自身、対応は丁寧で、技も君子の剣と称されたという。戦いに勝つという一時的な優越感を超越していたのだろうと推察する。

強いからこそできることがある

ケンシロウは数々の強敵と戦い、強くなっていく。しかし、単に強さを求めるだけではないところに「北斗の拳」の魅力がある。決着がついた時、流れが一変し、戦いの根底にある存在に気付くのだ。

もちろん、単に悪行を繰り返している相手に対してはケンシロウもそのまま倒すが、「強敵《とも》」と呼ぶ相手との勝負では情けをかけるシーンもある。

サウザーとの戦いで、とどめとなった技は苦痛を生まない有情拳である。有情拳はトキも使っていた。トキは相手が小悪党の場合でも有情拳を使っていたが、性格によるのだろう。

相手に対して情けをもって対応し、死ぬ時に苦痛を与えない打突系の技は、現実にはない。あえて挙げるなら、打撃で気を失い、そのまま息を引き取るケースくらいだろう。例えば頭部への攻撃になるが、有情拳では頭部以外も対象で、死ぬ間際でも意識がある。

現実世界で肝心なのは、命まで奪う究極の段階に行くことを避ける意識だ。強いからこそ、相手からの攻撃を不能にし、戦えない状態にし、命を奪わずに済むようにすることである。

例えば、卓越した防御技術を身につけ、相手の攻撃を全て防ぐ方法が考えられるが、相手もそれなりの使い手なら、ずっと躱し続けるというのは集中力の持続の問題もあり、難しい。

もし武器を持っている場合は、それを取り上げることで諦めるかもしれないが、その後は素手で向かってくる可能性もある。

そうなれば相手の手足にダメージを与え、動けなくすることしかない。相手を殺さないことを意図しつつ攻撃を止めさせるには、戦うために使用される部位を不能にするわけだ。この発想は武器を取り上げるという考えと重なるが、身体にダメージを与えるという点では、それなりの非情さが必要になる。命を奪わないためには仕方ない、という覚悟が必要だ。

そうでなければ、そもそも戦いの場に遭遇しないようにする。場を感じる意識で避けられる可能性がある。また、前述の塚原卜伝のエピソードのように、あえて戦いそのものを避けるパターンだ。

実際に立ち合ったけれど、相手の力量を感じ取り、実際の戦いに至らない、というケースもある。千唐流空手道・初代宗家の例を紹介したい。初代は剣道も修めており、当時の最高峰の一人といわれていた高野佐三郎先生に師事していた。

当時、血気盛んだった初代は、日本で一番強いのは、高野先生以外であれば当時の日本剣道界の双璧をなしていた中山博道先生だろうと、立ち合いを求めて道場に赴いたという。来訪の意図を伝えたところ道場に通され、中山先生は剣、初代は素手で、互いに構えたまま時が過ぎたそうだ。具体的な戦いはなかったそうだが、その後、奥に通され、初代の力量について中山先生から認められたという話を聞いたことがある。

通常なら、素手である初代のほうが圧倒的に不利だ。しかし、腕1本くらいは与えてもよいという気迫で臨んだという。それが伝わったのか、結果的にはそうならず、力量を認めてもらったのだろう。まるで針ヶ谷夕雲の「相抜け」のような話だ。

初代のそういう強さが、優しさとして表れたエピソードも聞いている。鼻水を垂らしている小さな子供がいたら、初代が鼻をすすってやって息苦しさを解消させたというのだ。実の親でもやる人は少ないだろう。それこそは、弱い者に対する限りない優しさの表れだと思う。

戦いを哲学に昇華する

本書の締めくくりとして、改めて戦いの果ての哲学化について述べたい。

「北斗の拳」という劇画は、表面的には主人公ケンシロウが強敵と出会い、激闘を繰り返すが、根底に「愛」を忍ばせている。それぞれの登場人物が心の底に秘めていた、あるいは気付かなかったところを改めて想起させる流れになっているのだ。そのギャップがたまらない魅力になっている。

自らを「悪」とするカイオウにしても、その根底には母親に対する「愛」があり、その死に対して何もできなかった自分を責めた。そして、「愛」を打ち消すかのように「悪」という意識を自分の心の中に刻み込むが、ケンシロウとの戦いで「愛」を取り戻した。明確な言葉で書かれてはいないが、そう理解できる最後だった。

ここでも「愛」と「悪」の対比が出てくるが、それを戦いを経て昇華させており、単なる血生臭いバトルものとは一線を画している。セリフや根底に潜むテーマもこの劇画を質的に違ったものにしている。

現実の武術でも、名人・達人は自身の経験を戦いだけでなく、一般人の人生にも通じる教えとして残している。一例を挙げれば、宮本武蔵の「五輪書」は、英語をはじめとした外国語に翻訳され、世界中のビジネスマンに読まれ、仕事に活用されていると聞く。現代における戦いといえるビジネスの世界の戦略・戦術に置き換えても、多くの示唆を含んでいるのだ。

もともと武術の知恵ではあるが、戦いの経験が帰納的に昇華され、演繹的に一見関係ないようなジャンルにも活用されているわけだ。

それは思想的な意味での哲学ではないかもしれないが、本来の哲学は全ての学問の上位概念であるため、わかりやすい哲学化の事例になると考えている。

劇画ではライバルたちはケンシロウに倒され、死ぬ時にそれまで否定していた「愛」を悟るという流れになっている。最後に悟れるならば、その一生に悔いは残らないと思われる。

人生を終える時は、ケンシロウのライバルたちのように、人として大切なことを真に実感できるように、これからも修行を続けていきたい。武術の世界からそういう思想に至れる可能性の存在を幸せに思っている。

おわりに

長年、心の中にあったことが、こうしてやっと公にできた。一読者として親しんだ「北斗の拳」。そこで考えさせられたいろいろなことが、「活殺自在」という筆者の武術家としてのテーマを通して、この1冊に記せて望外の喜びである。

読者の方の中には、自分とは視点が違う、と思われる方もいらっしゃるだろうが、今もなお多くのファンがおり、何かと話題に出てくる作品だけに、いろいろな考えがあって当然だ。

今回、幸いにしてこの書籍を著す機会が得られたが、本書に対するどういう感想が出ても、それだけたくさんの方に読んでいただけたことの裏返しなので、どのような反響でも嬉しい。

執筆を始めた時、編集者の方から書きやすいところから書いて構わないという話があったが、結果的に最初に構成案として提出した流れで書き上げた。本書の内容を考えるにあたり、自然に出てきた構成だったので、多分筆者の頭の中ではそのロジックで筆が進んだのだろう。

「はじめに」でも書いたが、本書は「北斗の拳」そのものの解説書ではなく、そのストーリーを説明するものでもない。本書の構成上、ケンシロウをはじめとした登場人物について触れているところはあるが、あくまでも本題に導くための導入だ。

だから、本書をきっかけに改めて「北斗の拳」に興味を持ったならば、ぜひ原作を読破することをお勧めしたい。

その上で、その根底に流れるテーマを感じ取り、自分にとって、人にとって大切なものは何か、を考えていただければ、本書を著した意味もあると思っている。

最後に、本書の出版に際し、ＢＡＢジャパンの東口敏郎社長、担当編集者の森口敦氏、諸々ご協力いただいた道田誠一氏、天木将雄氏、イラストを担当された月山きらら氏、ページレイアウトを担当された澤川美代子氏、装丁を担当されたやなかひでゆき氏、その他関係者の皆様に、この場を借りて御礼申し上げます。

２０２２年12月　中山隆嗣

【肺経】

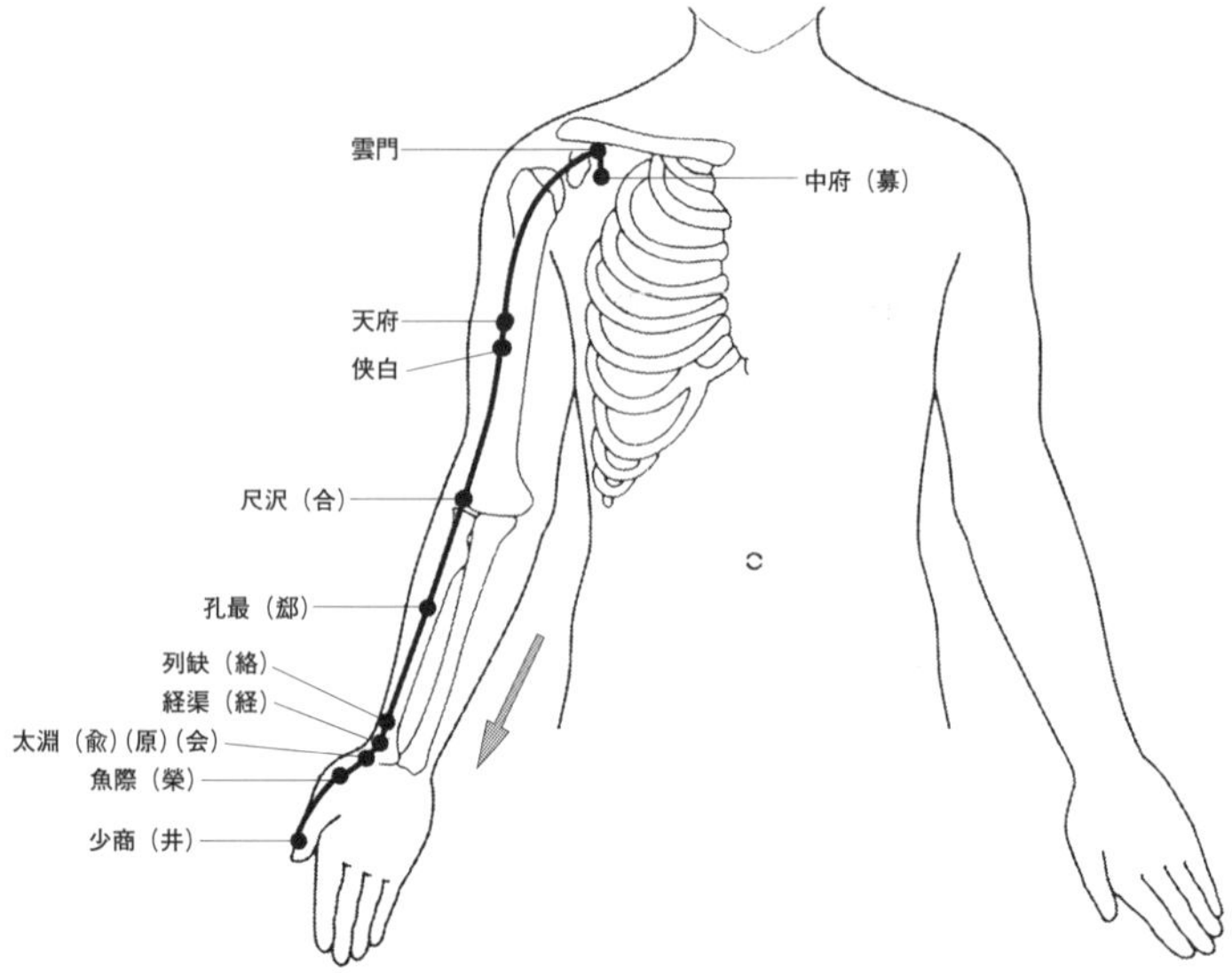
雲門
中府（募）
天府
侠白
尺沢（合）
孔最（郄）
列缺（絡）
経渠（経）
太淵（兪）（原）（会）
魚際（榮）
少商（井）

【大腸経】

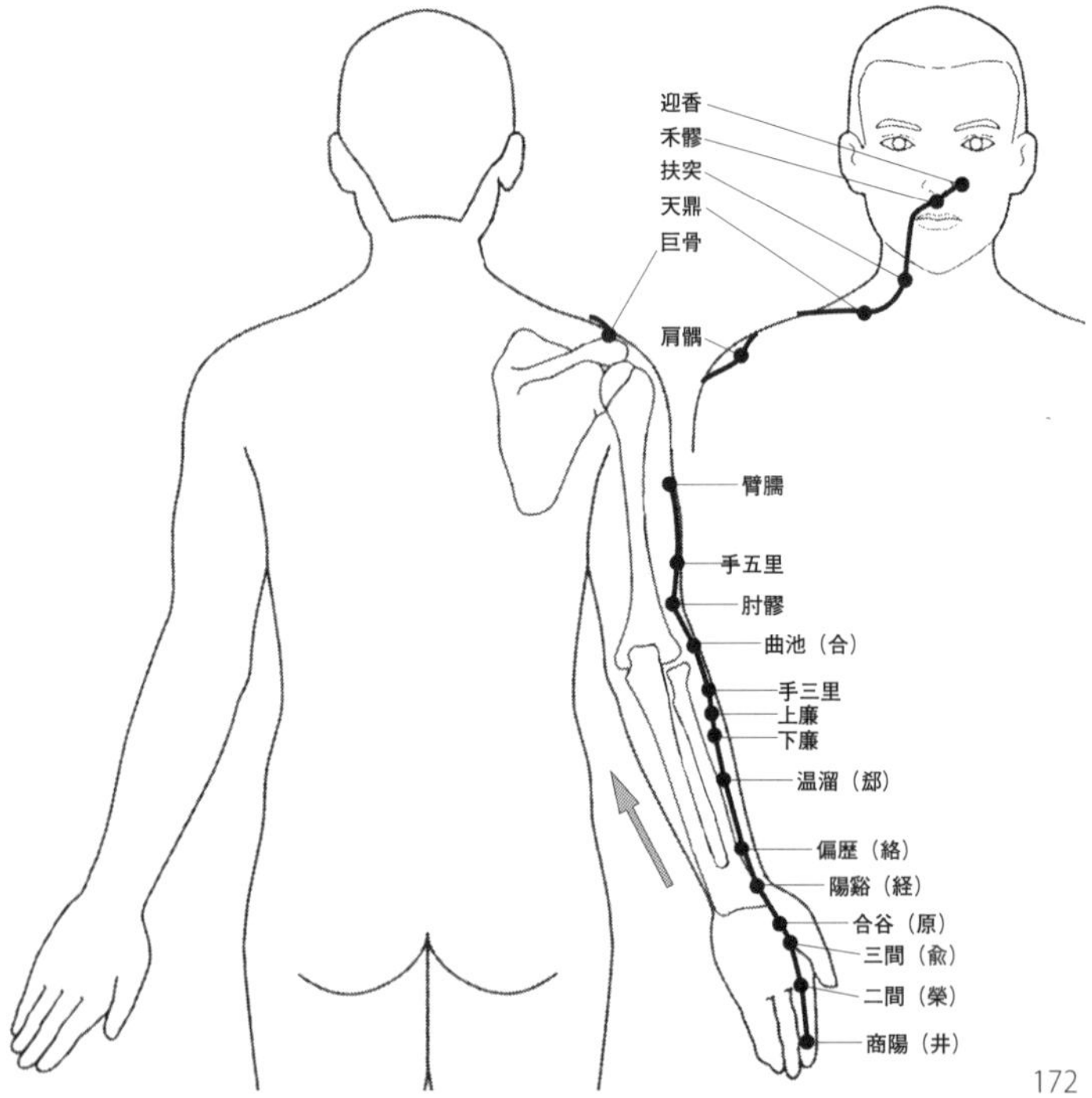
迎香
禾髎
扶突
天鼎
巨骨
肩髃
臂臑
手五里
肘髎
曲池（合）
手三里
上廉
下廉
温溜（郄）
偏歴（絡）
陽谿（経）
合谷（原）
三間（兪）
二間（榮）
商陽（井）

【胃経】

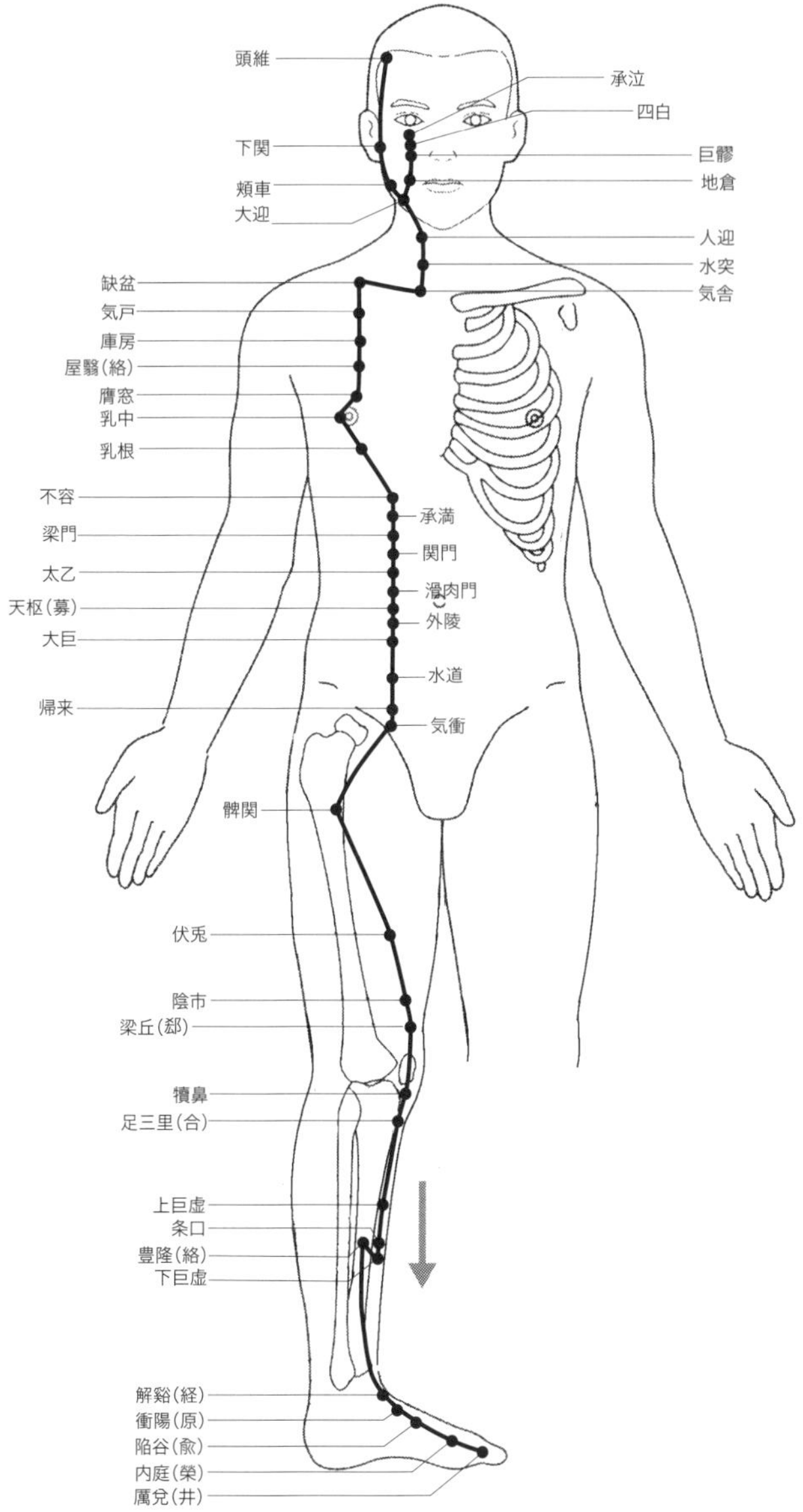
頭維
承泣
四白
下関
巨髎
頬車
地倉
大迎
人迎
水突
缺盆
気舎
気戸
庫房
屋翳(絡)
膺窓
乳中
乳根
不容
承満
梁門
関門
太乙
滑肉門
天枢(募)
外陵
大巨
水道
帰来
気衝
髀関
伏兎
陰市
梁丘(郄)
犢鼻
足三里(合)
上巨虚
条口
豊隆(絡)
下巨虚
解谿(経)
衝陽(原)
陥谷(兪)
内庭(榮)
厲兌(井)

【脾経】

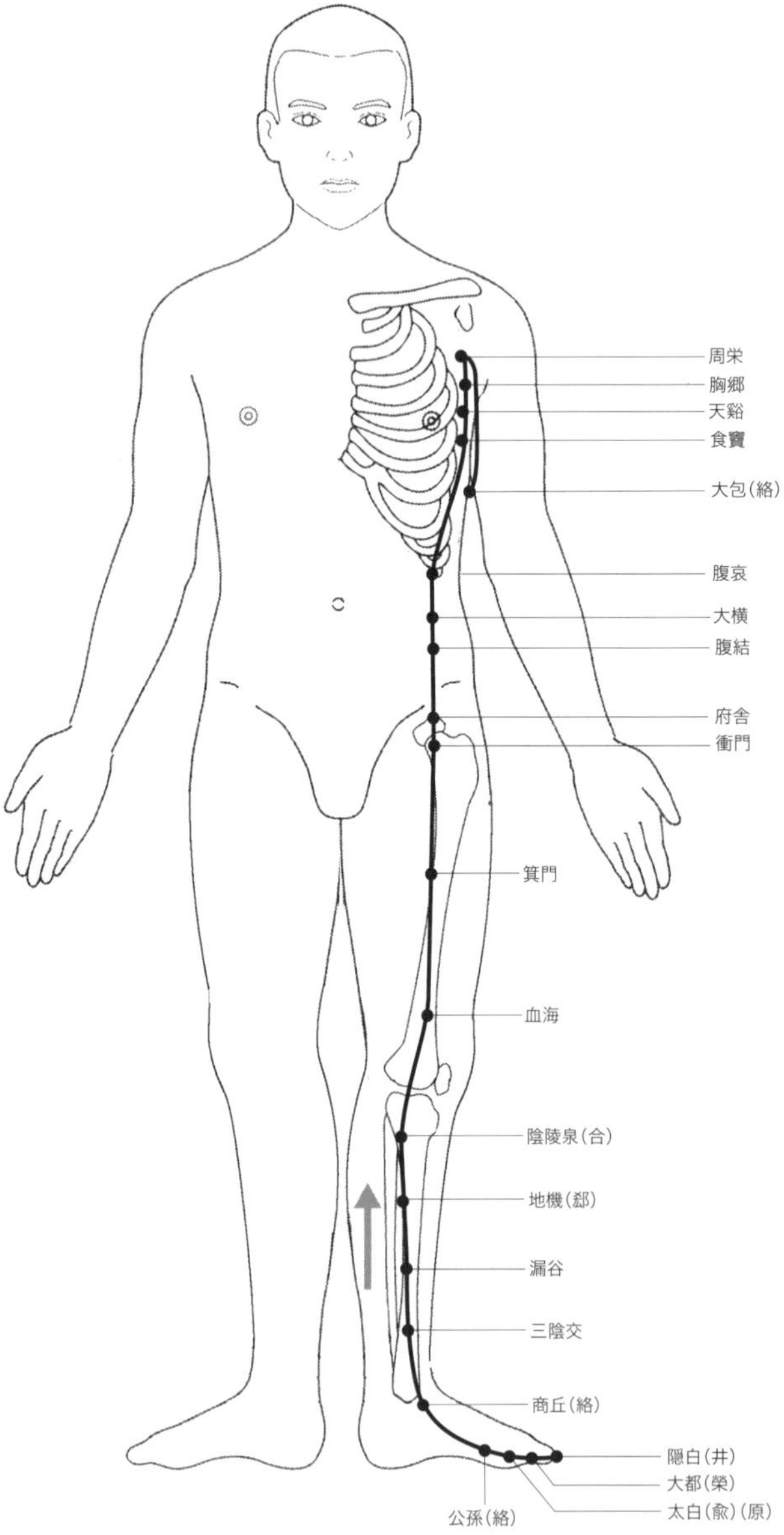
周栄
胸郷
天谿
食竇
大包(絡)
腹哀
大横
腹結
府舎
衝門
箕門
血海
陰陵泉(合)
地機(郄)
漏谷
三陰交
商丘(絡)
隠白(井)
大都(榮)
太白(兪)(原)
公孫(絡)

【心経】

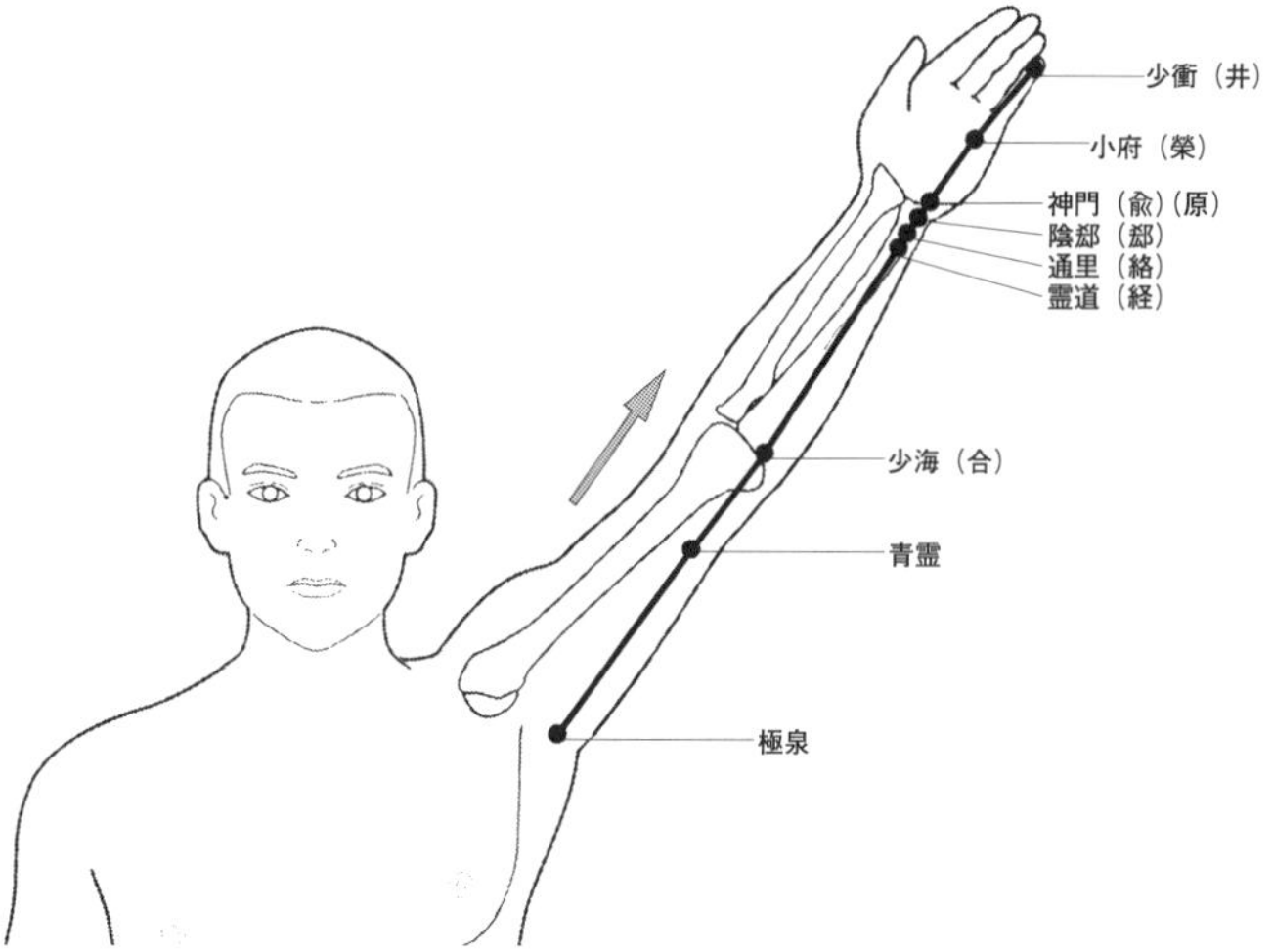

少衝（井）
小府（滎）
神門（兪）（原）
陰郄（郄）
通里（絡）
霊道（経）
少海（合）
青霊
極泉

【小腸経】

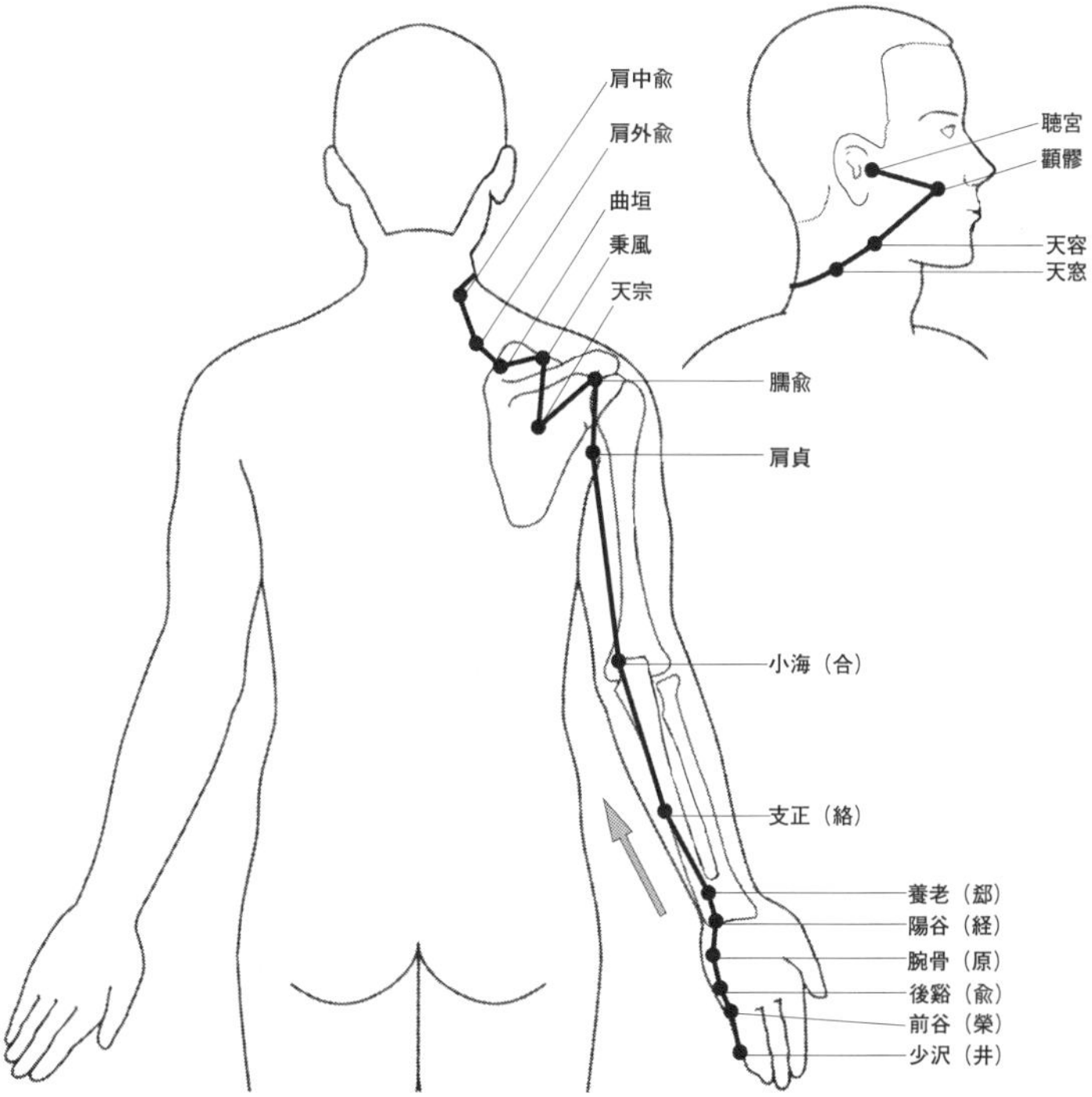

肩中兪
肩外兪
曲垣
秉風
天宗
臑兪
肩貞
小海（合）
支正（絡）
養老（郄）
陽谷（経）
腕骨（原）
後谿（兪）
前谷（滎）
少沢（井）
聴宮
顴髎
天容
天窓

【膀胱経】

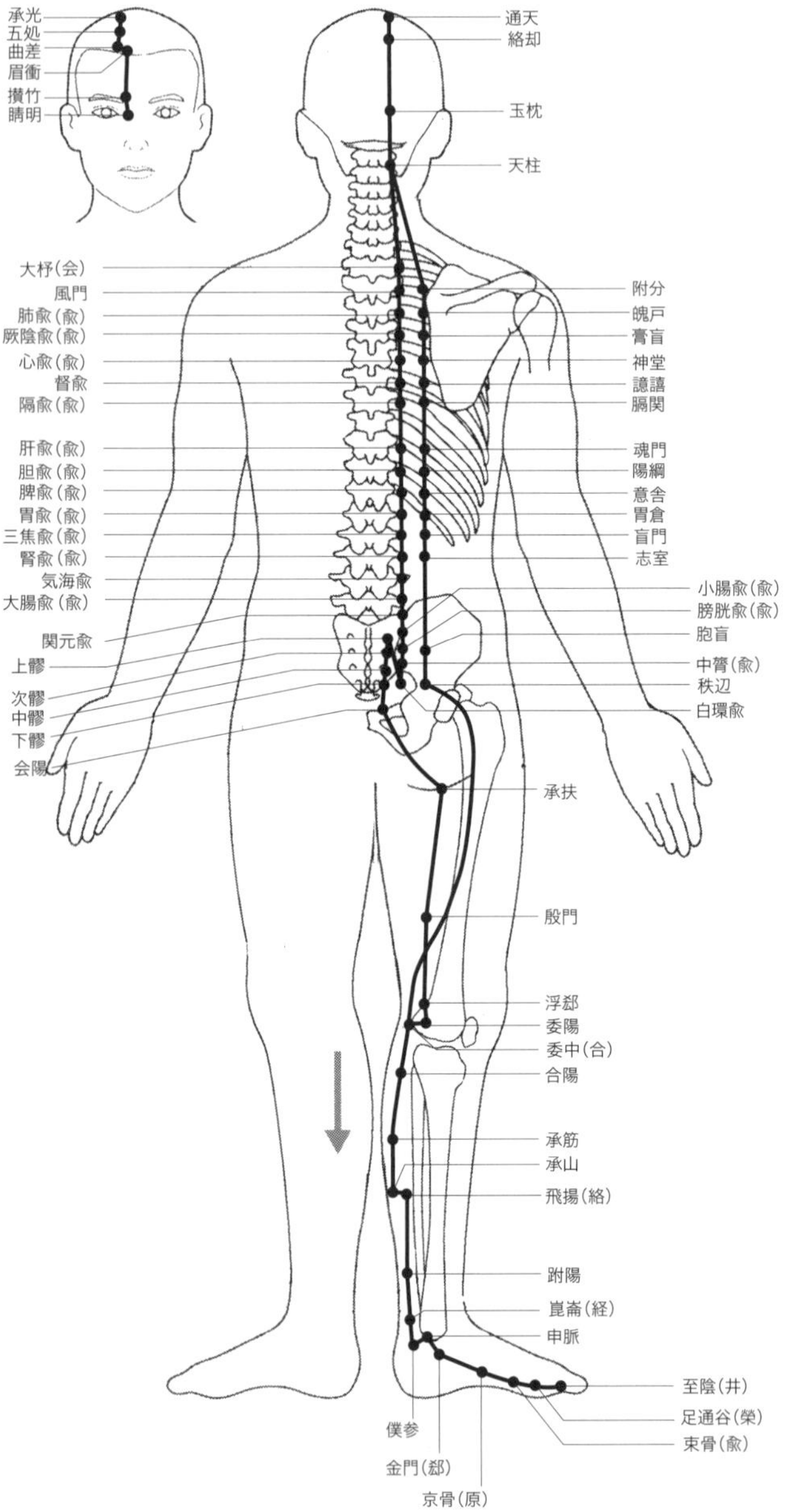

承光
五処
曲差
眉衝
攅竹
睛明
通天
絡却
玉枕
天柱
大杼(会)
風門
肺兪(兪)
厥陰兪(兪)
心兪(兪)
督兪
隔兪(兪)
肝兪(兪)
胆兪(兪)
脾兪(兪)
胃兪(兪)
三焦兪(兪)
腎兪(兪)
気海兪
大腸兪(兪)
関元兪
上髎
次髎
中髎
下髎
会陽
附分
魄戸
膏肓
神堂
譩譆
膈関
魂門
陽綱
意舎
胃倉
肓門
志室
小腸兪(兪)
膀胱兪(兪)
胞肓
中膂(兪)
秩辺
白環兪
承扶
殷門
浮郄
委陽
委中(合)
合陽
承筋
承山
飛揚(絡)
跗陽
崑崙(経)
申脈
至陰(井)
足通谷(榮)
束骨(兪)
僕参
金門(郄)
京骨(原)

【腎経】

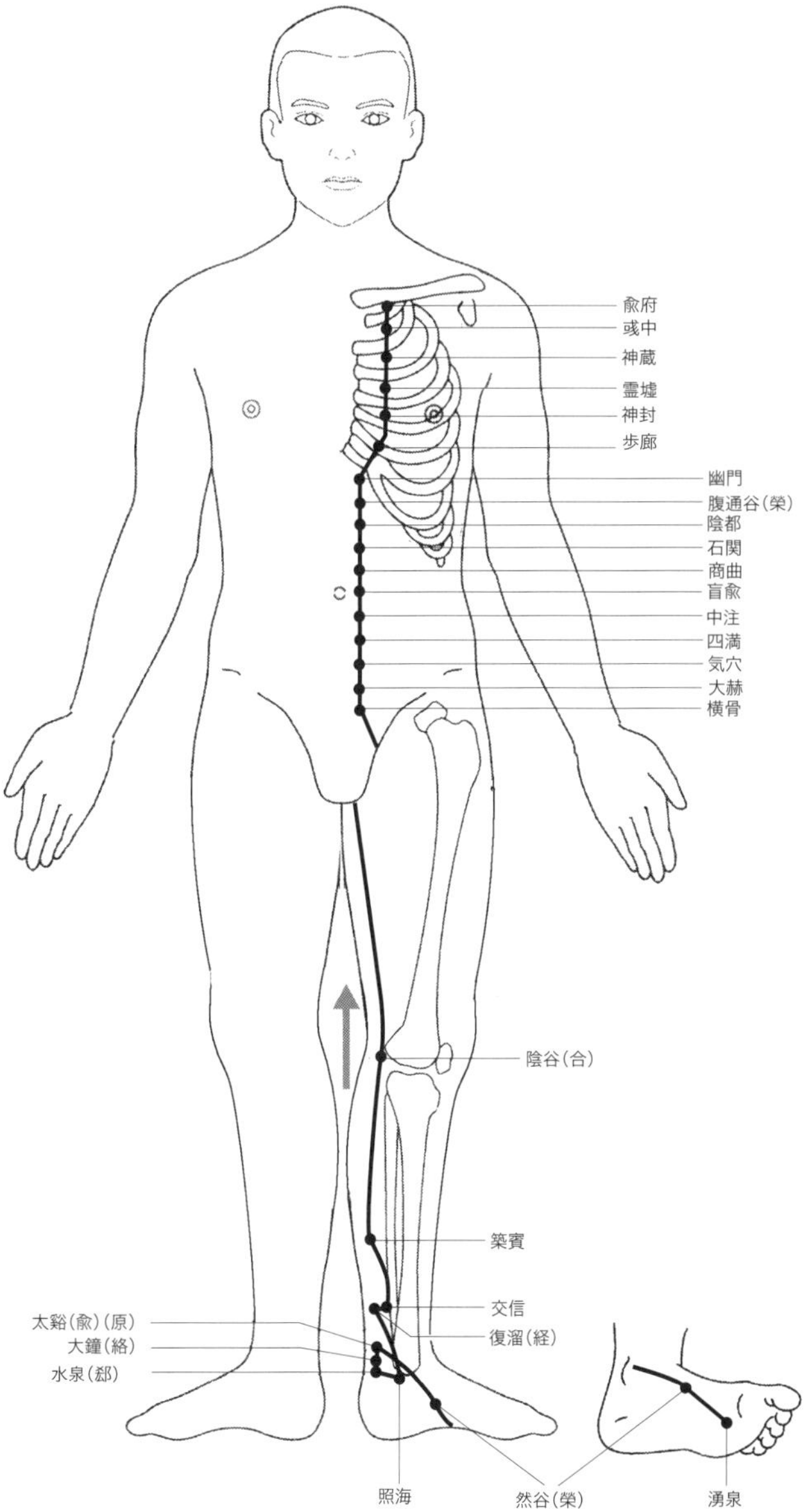
兪府
彧中
神蔵
霊墟
神封
歩廊
幽門
腹通谷(榮)
陰都
石関
商曲
盲兪
中注
四満
気穴
大赫
横骨
陰谷(合)
築賓
交信
復溜(経)
太谿(兪)(原)
大鐘(絡)
水泉(郄)
照海
然谷(榮)
湧泉

【心包経】

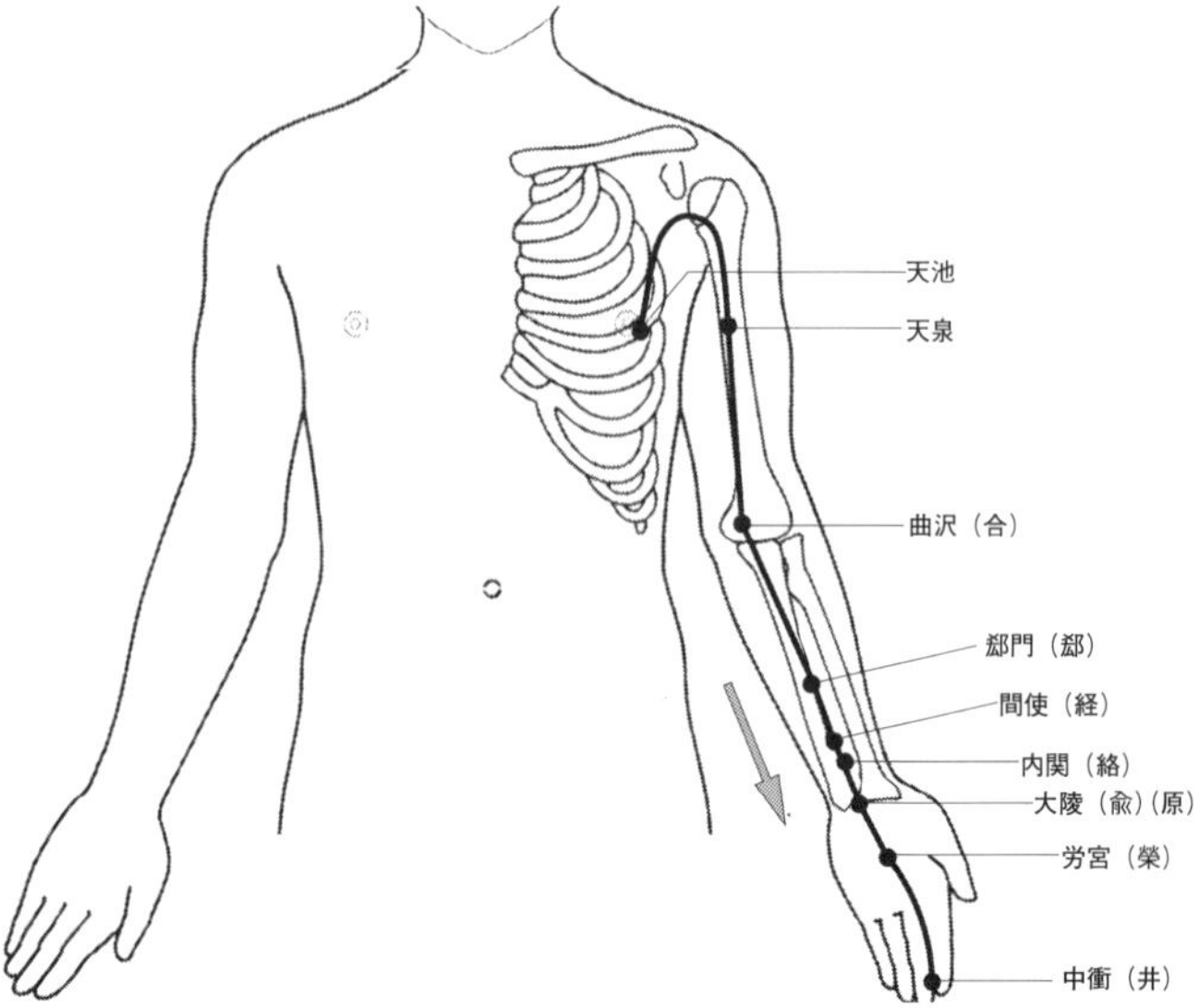

天池
天泉
曲沢（合）
郄門（郄）
間使（経）
内関（絡）
大陵（兪）(原)
労宮（榮）
中衝（井）

【三焦経】

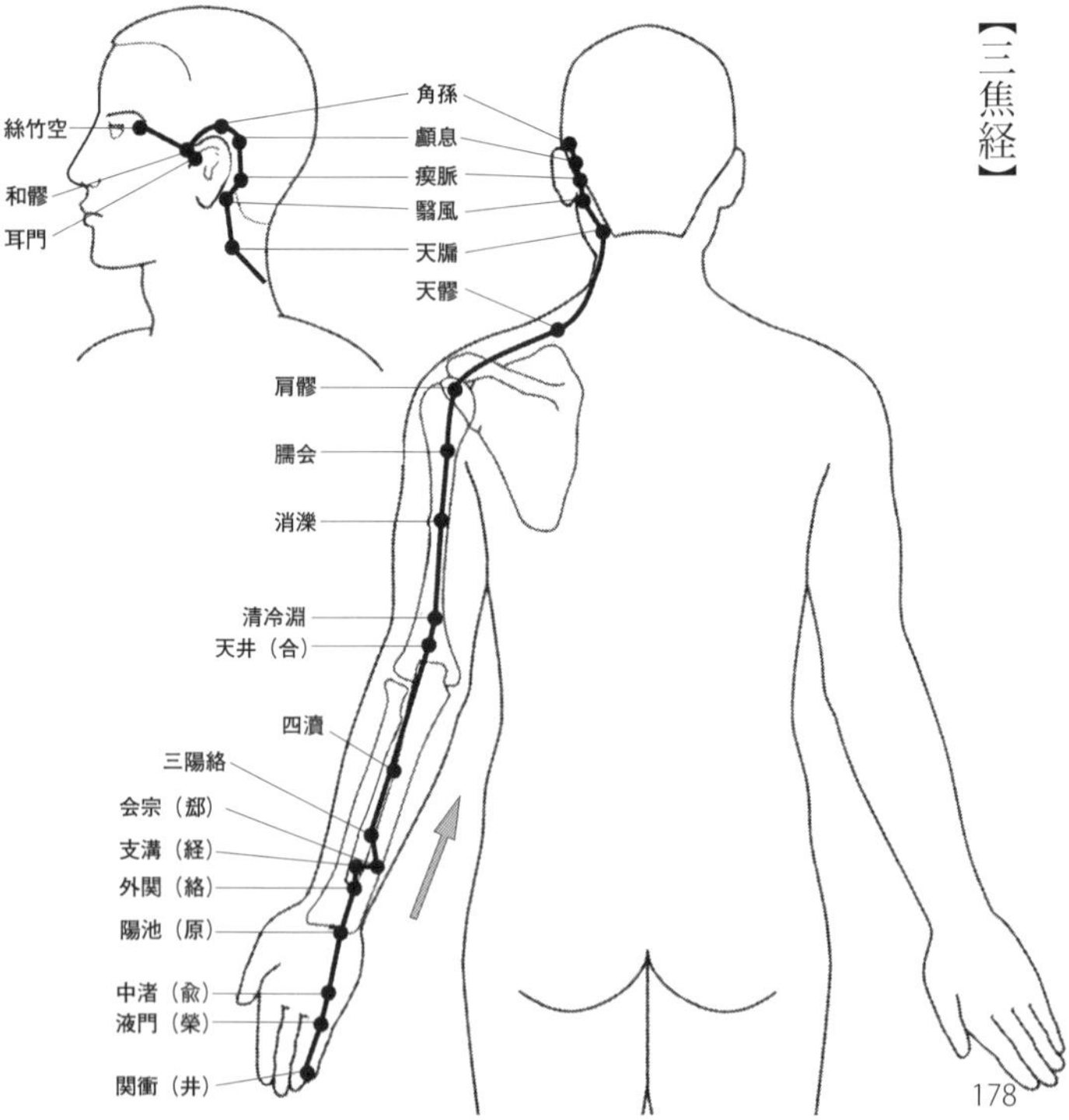

絲竹空
和髎
耳門
角孫
顱息
瘈脈
翳風
天牖
天髎
肩髎
臑会
消濼
清冷淵
天井（合）
四瀆
三陽絡
会宗（郄）
支溝（経）
外関（絡）
陽池（原）
中渚（兪）
液門（榮）
関衝（井）

【胆経】

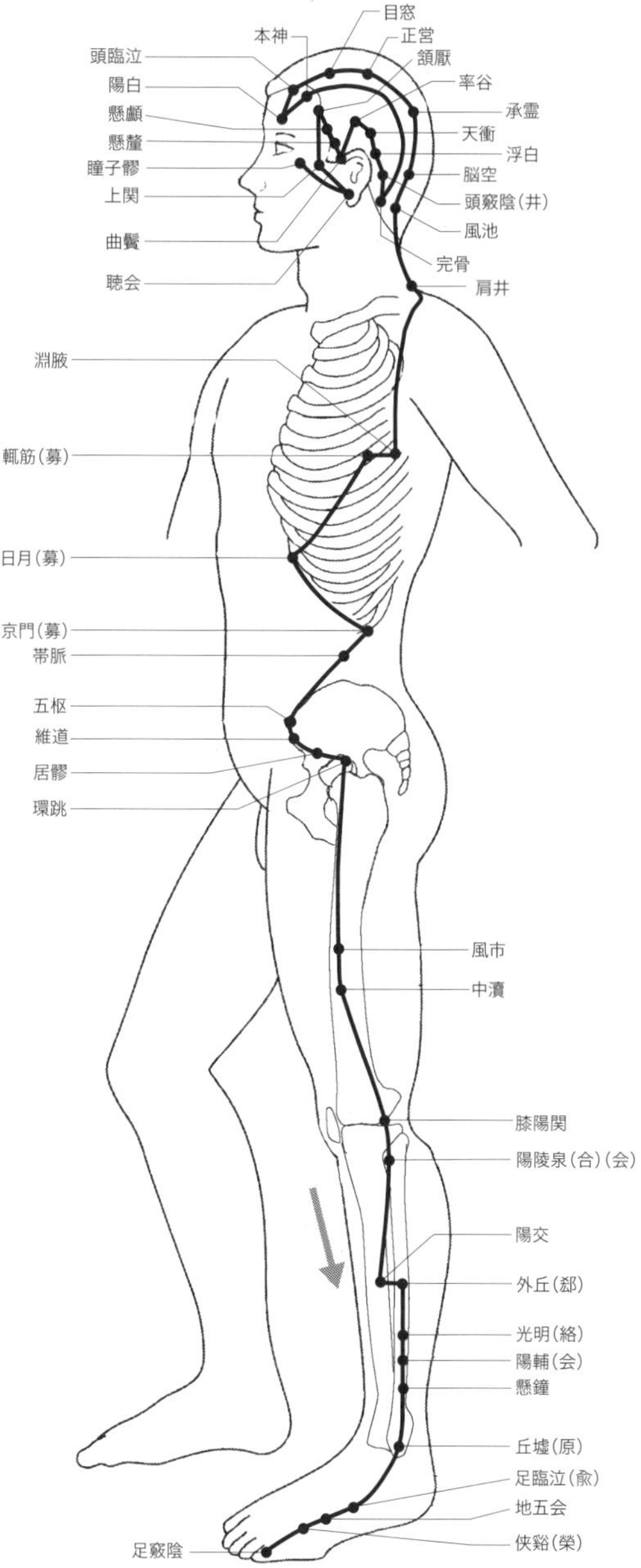
目窓
本神
正営
頭臨泣
頷厭
陽白
率谷
懸顱
承霊
天衝
懸釐
浮白
瞳子髎
脳空
上関
頭竅陰(井)
風池
曲鬢
完骨
聴会
肩井
淵腋
輒筋(募)
日月(募)
京門(募)
帯脈
五枢
維道
居髎
環跳
風市
中瀆
膝陽関
陽陵泉(合)(会)
陽交
外丘(郄)
光明(絡)
陽輔(会)
懸鐘
丘墟(原)
足臨泣(兪)
地五会
侠谿(榮)
足竅陰

【肝経】

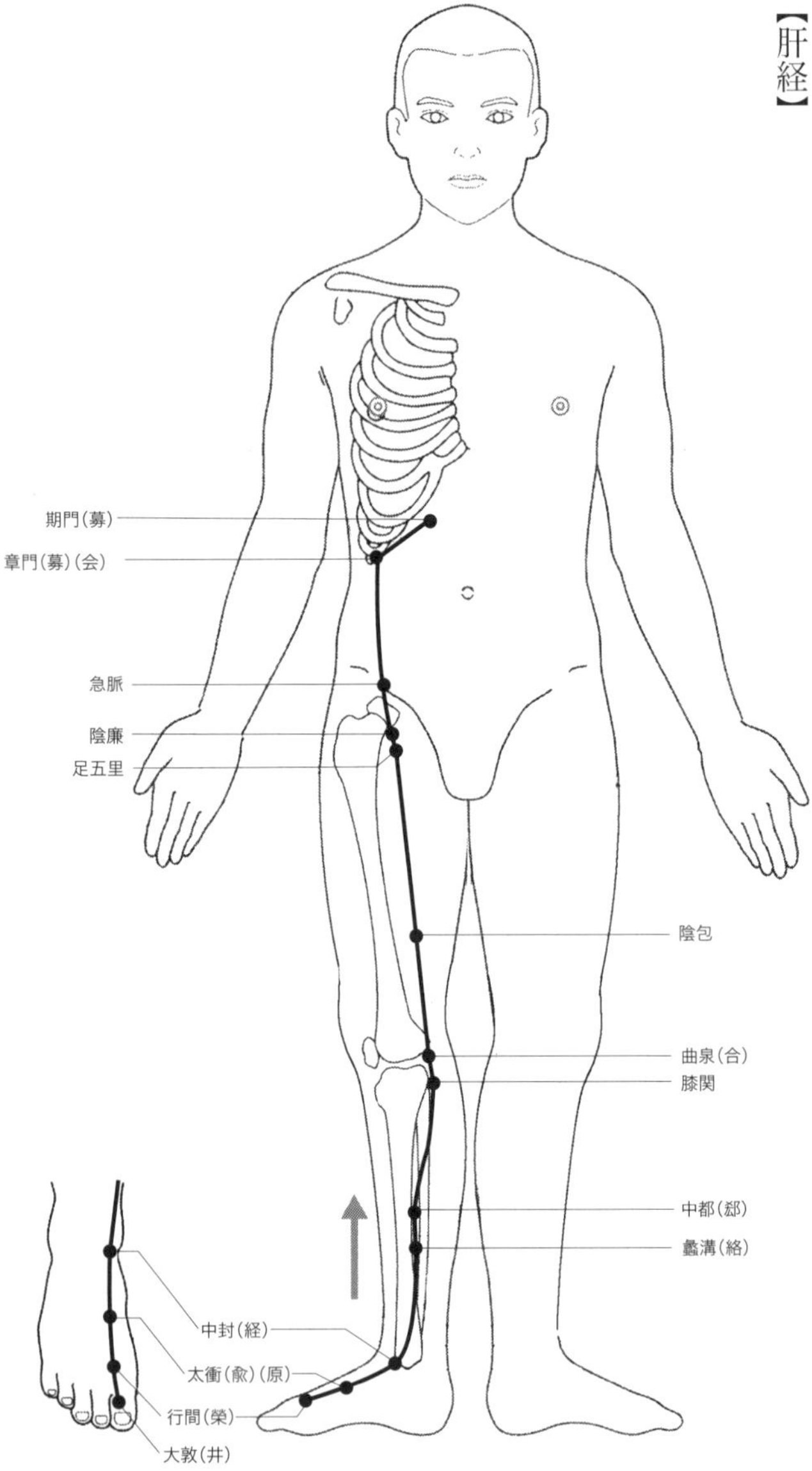
期門(募)
章門(募)(会)
急脈
陰廉
足五里
陰包
曲泉(合)
膝関
中都(郄)
蠡溝(絡)
中封(経)
太衝(兪)(原)
行間(榮)
大敦(井)

著者◎中山 隆嗣　なかやま たかつぐ

1956年、熊本市生まれ。空手家、整体師。1971年、生理解剖医学に立脚する千唐流空手道へ入門。第1回世界大会準優勝。国際千唐流空手道連盟・直真塾塾長。快整体術研究所所長。著書に『だから、空手は強い！』『靭帯療法』『プロの整体術・伝授！』（BABジャパン）、『身体の力を取り戻す 奇跡の整体』（青春出版社）など多数。

活殺自在塾「活殺自在講座」
https://www.kassatsu.jp/
〒181-0012　東京都三鷹市上連雀7-21-8
（快整体術・研究所内）
TEL 0422-70-1831　　FAX 0422-70-1834
E-mail info@kassatsu.jp

快整体術・研究所「快整体師養成講座」
https://www.kai-seitai.com/
〒181-0012　東京都三鷹市上連雀7-21-8
TEL 0422-70-1831　　FAX 0422-70-1834
E-mail info@kai-seitai.com

イラスト●月山きらら
本文デザイン●澤川美代子
装丁デザイン●やなかひでゆき
撮影モデル●道田誠一／天木将雄

北斗神拳の謎に迫る ― 秘孔の真実

「空手」と「経絡理論」で考察！

2023年1月10日　初版第1刷発行

著　者　　中山隆嗣
発行者　　東口敏郎
発行所　　株式会社 BAB ジャパン
〒151-0073 東京都渋谷区笹塚 1-30-11　4・5F
TEL　03-3469-0135　　FAX　03-3469-0162
URL　http://www.bab.co.jp/
E-mail　shop@bab.co.jp
郵便振替 00140-7-116767
印刷・製本　　中央精版印刷株式会社

ISBN978-4-8142-0516-5 C2075